JN239879

進化し続ける
次世代の
消防・防災戦略

―いつの時代も「さすが消防」
といわれるために―

小野 和夫

近代消防社

まえがき

　本書は、これまでの30年から50年に及ぶ様々な消防活動のデータをビジュアル化しそのトレンドを捉えながら、昨今の災害や消防を取り巻く社会環境の変化の中で、消防がこれからめざしていくものは何なのかを現場の視点から模索したものである。

　筆者は平成16年12月に開催された第7回全国消防救助シンポジウムにおいて、科学技術等の発展により交通事故等の都市型災害は減少し、これに伴う高度な資機材を用いる救助活動が少なくなっていくのではとする発言をさせていただいたが、今日になってまさにそのような状況になっている。救助出場件数は増加をしているもののその様相は大きく変化し、高齢者を中心とする建物への閉じ込め事故が多数を占めている。救助隊が発足して約60年になるが、消火活動が主であった消防にとって、救助隊の導入は、救助活動における標準化や高度化はもとより、消防庁舎の訓練施設や車両、教育、部隊・個人装備、国際援助など消防業務全般にわたって様々な面で大きな変革をもたらした。救助隊発足にあたり目的としたことは、当時大きな被害を出していた風水害をはじめ、都市構造や社会構造の急速な変化を受けた高度な救助事案に対応することであった。今日、救助活動の対象が変化している中で、将来に向けて消防の救助隊をどのような部隊として位置づけどう育てていくのか、新たな視点が必要になっている。

　火災については、これまでのたゆまぬ努力があって、全体の火災件数や焼損面積が減少している。しかし、住宅等の建物構造・内容物等や家族構成の変化等によるものか、建物火災1件あたりの焼損面積は増加傾向で、建物火災や住宅火災が発生した場合の死者の発生率も大きく増加しており、火災対応を原点とする消防にとってこのことにどう対応するのか総合的に戦術を見直すことが必要になっている。火災による死者が増加することにより、警察機関が原因調査にあたるという表現が度々報道で出てくる。本来火災原因調査は消防の専権事項であり、火災状況の変化によって消防が行う原因調査に影響が出ていないか気がかりである。

　また、電気関係を原因とする火災が増加している。消防用設備等のインテリ

ジェント化が進み大規模ビルで大臣認定のシステムが設置されるようになって電気の知識が必要になり、また身の回りの様々な機器で電気・電子による制御が急速に進み、電気が関係している火災の原因調査が増加する状況が出てきていた。このため、電気関係の知識・技術を有する人材の採用と育成の必要性を痛感し取り組みを進めていたが、警防・予防の広い分野で電気関係の知識等が必要な今日においても、その人材があまり育っていない気がする。

　救急については出場件数が増加の一途をたどり、苦肉の策として救急車の利用に該当しないような事案に対して一部の病院で費用を徴収するといった取り組みが始まるなど、新たな救急車の利用の適正化に向けた対策が進められている。かつて、軽症者の取扱が急増して予算がつかず、人員や車両の配置がままならない事態となってきたことから、フランスのSAMUを参考に軽症者の救急車の要請を減らすためのコールトリアージの構築に向けて検討を始め、併せて重症者へは迅速で手厚い対応とするために消防車両の同時出場などの運用を強化する体制を開始した。

　SAMUでは、システムの運用を開始してから比較的短期間で劇的に軽症者の取扱が減少しており、この方式を取り入れることで軽症者の救急要請が減少することを期待した。しかし、どうも当初の思惑はどおりには進んでいない。SUMUと国内の救急業務が異なる大きな点は、SAMUでは救急要請を受ける機関の権限や危険負担に対する補償などが法的に明確にされていること、地域の医療機関との連携ができていることがあるが、国内ではこうした法整備はない。消防は必至に広報に力を入れて入れが、大きな効果は上がっていない。いずれにしてもなぜ国内では軽症者の取り扱いにコールトリアージ等が十分機能していないのか検証する必要がある。

　一方、昨今大規模な地震の逼迫性が叫ばれ、また気候変動もあって豪雨への災害対策を強化していくことが必要になっている。国内では大規模災害が起きる度に様々な課題が提起され、その対策等が相次いで公表されるとともに、これに関連する制度改正が毎年のように行われている。これらの仕組みは住民に伝わり理解され、災害が発生したときに住民の行動に結びついて初めて効果を発揮するものであるが、様々なアンケート結果によるとこれらの認知度はなかなか高くならない。

また、首都直下地震や南海トラフ地震等の対策として、戸建住宅への電気ブレーカーや消火用資機材の設置が柱の一つとして打ち出されているが、世論調査や関係工業界の調査などによれば、地震発生確率の上昇とは裏腹に必ずしも目に見える形で対策は進んでいない。果たしてこうした制度改正等が住民へ確実に伝わるルートは確立されているのだろうか。

　災害や消防を取り巻く社会環境の変化は誰もが感じている。少子・高齢化を始め、情報通信技術などの科学技術の急速な発展は、消防にも大きな変化と課題をもたらしている。今後の人口減少により地方自治体の予算が厳しくなることが予想される中にあって、これまで消防が培ってきた経験と大きな実績を踏まえ、地域の防災対策の要である消防機関が、あらゆる災害に向けて、とりわけ大規模な自然災害に向けて、その対応能力を如何に向上させ災害に強い地域をどのように育てようとしているのか、具体的な対策が求められている。

　本書では、これまでの消防の活動等をデータで振り返り、さらに現在の消防を取り巻く環境の変化を踏まえながら、消防がこれから取り組むべきいくつかの課題について、現場の視点から考え方を巡らせてみた。細やかではあるが、さらなる消防の発展のため、何らかのヒントを提供するものとなれば幸いである。

CONTENTS

　近年、火災件数と火災による死者数は着実に減少傾向にある（**図1−1**）。全国の火災件数はピーク時の約半分となり、死者数はピーク時の約4割減少している。

　これは、消防力の整備はもちろんのこと、消防法の制定当時、火災予防を軸とした内容が盛り込まれてから、数々の痛ましい火災事故を教訓として、消防用設備等の設置対象が拡大されたほか、防火防災管理などソフト面での規制強化、危険物の規制、表示や公表制度などの様々な施策の推進など、予防行政として長年にわたり地道に広報し指導してきた多くの消防関係者の成果である。

　火災の減少の効果は、こうした努力と併せて、科学技術の進展による生活環境の変化、とりわけ住宅環境の変化も見逃すことはできない。マッチなど家庭

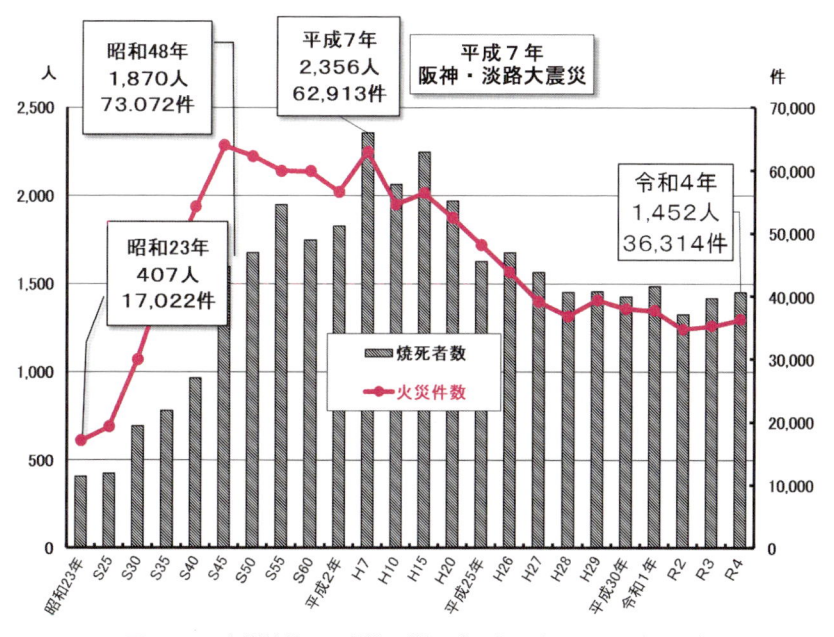

図1−1　火災件数と死者数の状況（平成25年までは5年間隔）

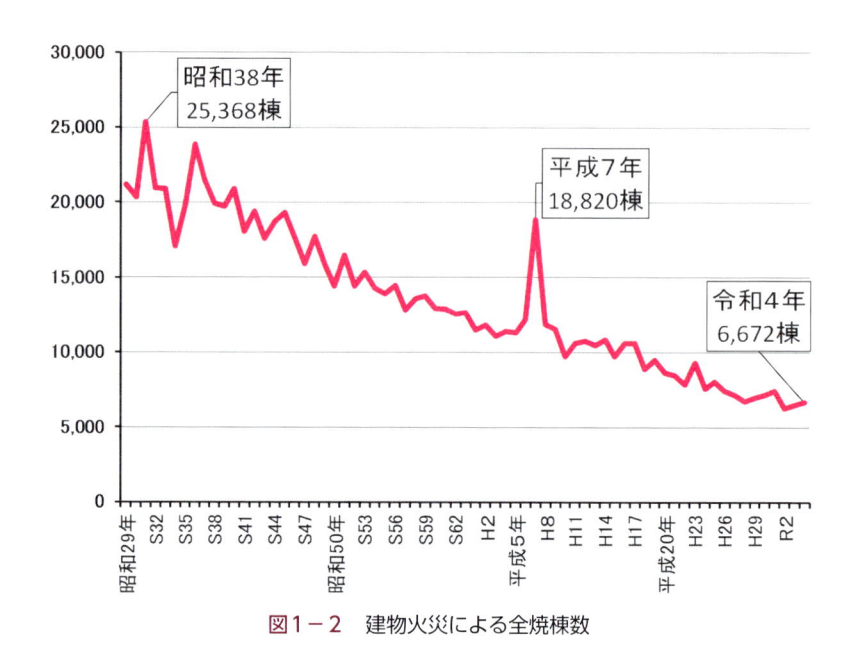

図1−2 建物火災による全焼棟数

内における裸火の利用の減少、風呂釜やストーブなどの火気使用設備の安全化、コンロの全バーナーへの安全装置の付加、携帯ライターの規制など、様々な技術開発とフェイルセーフへの取り組みが火災減少の一因にもなっていることは間違いない。昨今では、健康増進のための喫煙の減少や環境問題へ配慮したたき火の規制なども火災の減少に寄与しているかもしれない。

　火災件数の減少とともに、全焼棟数も減少傾向にある（**図1−2**）。消防力の整備によって、消防隊の装備が充実し迅速な包囲体制による消火活動が行われていることによるものだろう。

1 火災1件あたりの焼損状況と死者数

　こんな中で、やや気になることがある。火災件数や火災による死者数が減少している一方で、建物火災1件あたりの焼損面積は、過去30年間でほとんど変化が見られずに、近年はやや増加傾向にあることである（**図1−3**）。

　一度建物火災になるとそれなりの面積が燃えているという状況にあるということだ。消防力が整備され、火災現場への到着時間が短くなり、放水開始まで

の時間も短縮されていると考えられるが、なぜだろう。一つの要因として建物の大規模化が影響していると推測されるが、大都市では焼損面積が増えていないことから、他の要因が考えられる。

　気になることはもう一つある。火災1,000件あたりの死者数が増加傾向にあることだ（図1－4）。特に建物火災と住宅火災の死者は増加率が大きい。最近、マスコミで死者の発生する住宅火災の報道を耳にする機会が多くなっているよ

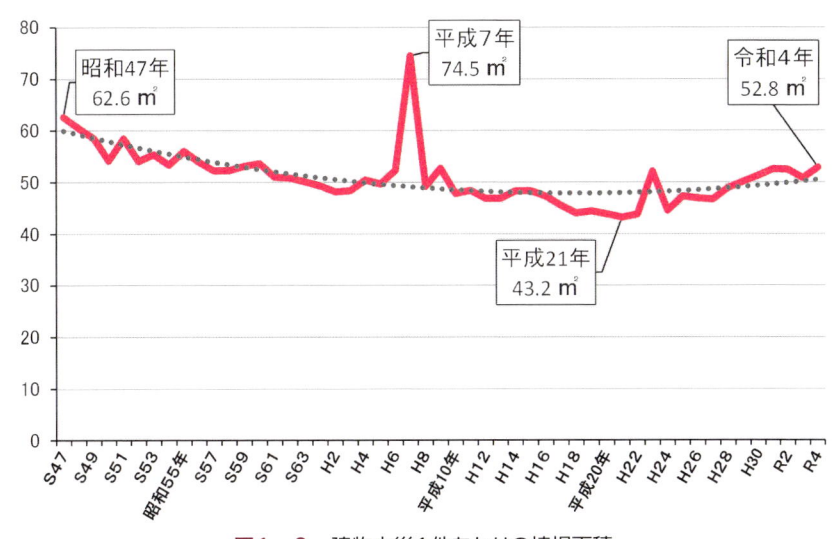

図1－3　建物火災1件あたりの焼損面積

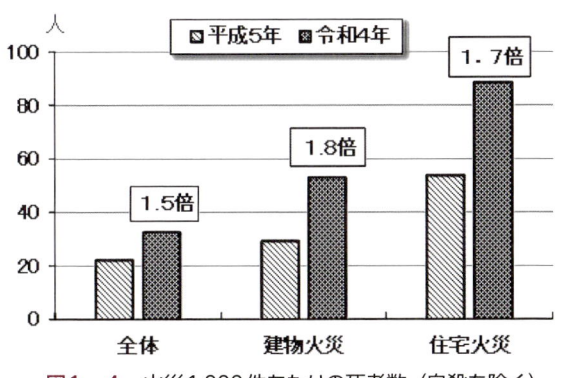

図1－4　火災1,000件あたりの死者数（自殺を除く）

うな印象を受けるが、あながち印象だけではないようだ。

　また、火災件数1,000件あたりの救助人数も増加傾向にあり、逃げ遅れる人が増えていることを示している **（図1－5）**。

　この要因として考えられる大きなものは、住宅火災において高齢者の死者の割合が年々高くなっていることである。国土交通省の統計によれば、住宅総数はここ30年で5割近く増えており、また厚生労働省の資料によれば核家族化が進んでおり、高齢化の進展とともに、高齢者の関係する火災に若い世代が気づいたり防いだりすることができなくなっているのかもしれない。

　高齢者になれば、自然と視力が衰えてガスコンロの青い炎が見えにくくなったり、冬になれば厚着をして火気使用設備を長時間使うようになったりして、火災への危険性は高まる。そして万一火災と言うことになれば、迅速に対応ができないことが懸念される。

　ほかにも考えられることがある。最近の消防庁の調べによると、住宅火災において、通報まで10分以上を要しているものが、5割近くある。出火から119番通報までの時間が遅れているということである。携帯電話が普及し、電話機器が一家に1台から一人1台になっている中で、何とも不思議なことである。

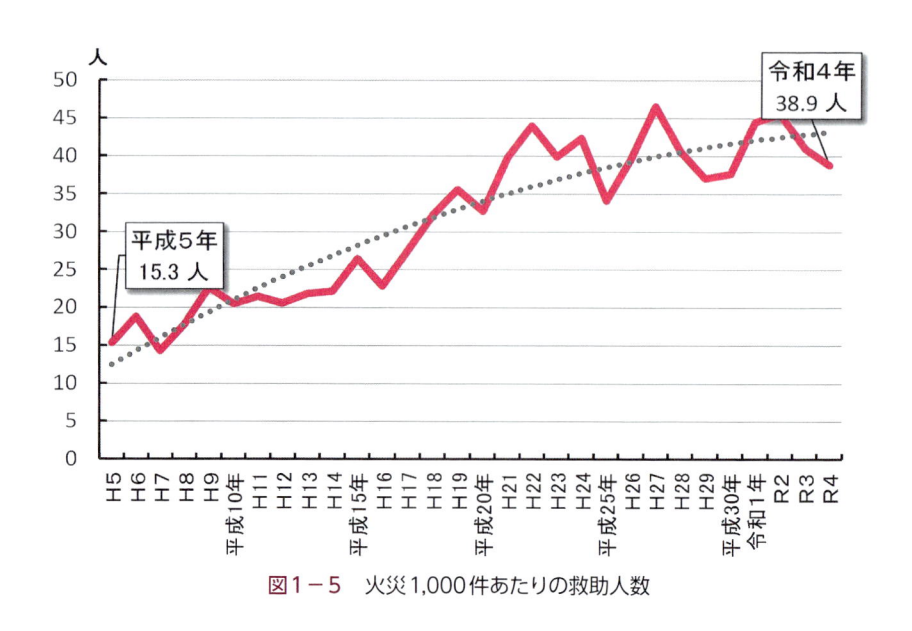

図1－5　火災1,000件あたりの救助人数

全国の消防本部では、指令システムを更新するたびに多額の費用を掛けて処理スピードを上げたり、携帯電話も含めた発信地表示システムを導入するなど、119番通報から出動までの時間を改善する努力をしており、これにより119番覚知後の出動指令はスピードアップされ、出動するまでの時間は短くなっている。しかし、もしその前提となる出火から119番通報までの時間が長くなっているようではどうしようもない。

　昨今、住宅火災では、消防隊の現着時に既に窓から炎が吹き出している例が多いと聞く。これを裏付けるものなのか、統計上でも、建物火災1,000件あたりの全焼棟数は、昭和20年代から平成元年（1989年）頃までは減少傾向にあったものの、平成元年以降はほとんど横ばいか、若干ながら増加傾向にある（図1−6）。

　いうまでもなく火災という災害の特徴は、時間とともに急速に拡大することである。キャンドルの小さな炎は口で息を吹きかけて消すこともできるが、それが何かの可燃物に燃え広がり10分も経てば消火器による消火は困難になる。そしてさらに10分もすれば、消防車1台でも消火が困難な事態になる。これが火災の特徴であり恐ろしさである。だから、消防は火災による被害を軽減する

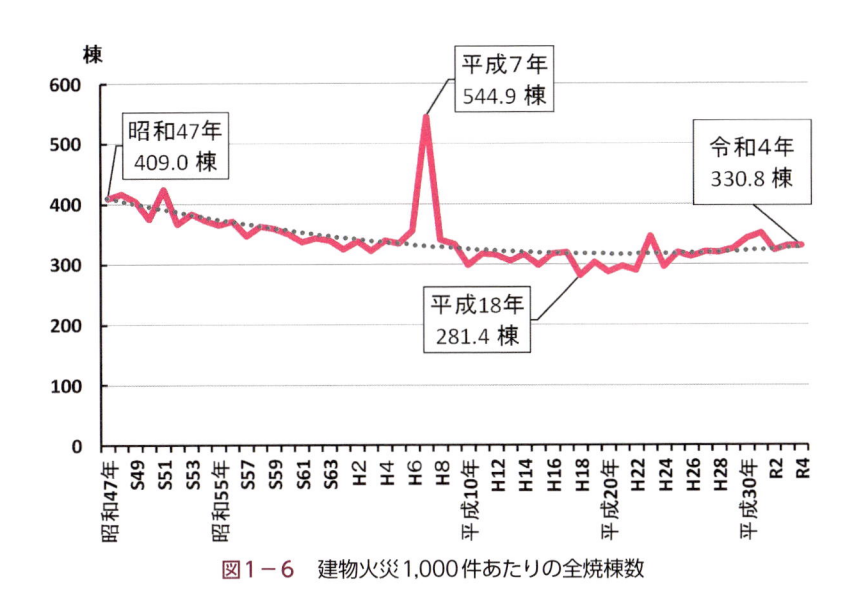

図1−6　建物火災1,000件あたりの全焼棟数

ために、何よりも早い通報と初期消火が最も重要であると繰り返し指導している。

現着時に建物から炎が吹き出していれば、消防隊が内部進入し、取り残されている人を救助することは極めて難しくなる。

なぜこのような傾向が見られるのであろう。考えられるもう一つの要因に、住宅や建物の性能、特に窓枠など開口部の性能が向上し密閉性が高くなったり遮音性が良くなって、煙や燃える音といった火災の兆候について建物外部からの発見が遅くなっているということはないだろ

現着時に炎上していると、進入は極めて困難

うか。住宅火災では、外部からの通報例が多く見られるが、建物の構造性能が上がっていくと、建物の中では外部の雨音や騒音などが緩和され快適な居住空間が実現されるが、一方で、家の中で発生している火災による煙や音といった現象などに外部からは気付きにくくなる。

また、建物内部でも、かつての建物構造に比べれば各部屋が区画され、1つの部屋での火災の兆候の発見に遅れが生ずるといったことになってはいないだろうか。もちろん住宅用火災警報器がほとんどの住宅に普及し、また自動火災報知設備が小規模の防火対象物まで設置が進み、早期に火災を感知する体制が進んでいるうえでのことである。

平成12年（2000年）からは木造住宅の耐震基準が強化されている。いわゆる2000年基準というものであるが、この中の一つに壁の量と配置バランスを強化することがある。2000年基準で建てられる住宅では、壁の量を増やすように設計されるため、窓などの開口部が全体的に少なく、しかも一つ一つ開口部が小さくなっている。開口部が小さくなると、消火や救助活動をより困難にすることになるが、国土交通省の資料によれば2000年基準で建てられた住宅は既に全体の1/3を超えており、今後このタイプの住宅が増えると火災の発生が外部から発見されにくくなるとともに、火災の防御活動に影響を与えるようなことにならないか心配である。

　開口部が少なくなれば隣家へ、又は隣家からの延焼危険が少なくなるというメリットも考えられるが、地震災害等から人命を守り居住空間を快適にするための建物構造の技術革新が、火災という別の災害において、発見や通報の遅れにつながり消火活動を困難にして、焼損面積を大きくしたり、死者が複数発生することに関係するとしたならば、何か新たな視点から対策を考えないといけない。

開口部の小さな住宅の消火や救助はより難しくなる

2　消防の基本的技術習得への影響

　火災件数の減少や全焼棟数の減少に伴って、消防の現場では交代制の職場という側面もあって、いわゆる炎上火災に遭遇する機会が少なくなっている。

　消防職員として採用され、現場活動に闘志を燃やしながら配属になったものの、炎上火災の現場に出場するのに何年もかかったということは最近では珍しい例ではない。

　令和4年（2022年）における全国の全焼棟数は6,672棟で、単純に計算すると1消防本部あたり全焼棟数に遭遇するのは年間10棟以下となる。2交代又は3交代となると、1当番あたり年5棟から3棟の全焼火災ということになるが、休みも考えれば、確かに経験は少なくなる。複数棟が全焼する火災もあるので、実際はもっと少なくなるだろう。

　一方、全焼棟数の傾向と関係すると思われるデータがある。消防活動に関して、火災の覚知からの完全鎮火までの所要時間は、60分を超える割合が増加傾向にあり、特に90分を超える割合の増加傾向が著しい（図1－7）。

　これは、消火活動に際して再燃火災ということに対してより慎重に対応していることがうかがえるものであるが、対応した火災の焼損面積が大きくなり、現着してからの消火活動時間が増加しているということも関係してはないだろうか。

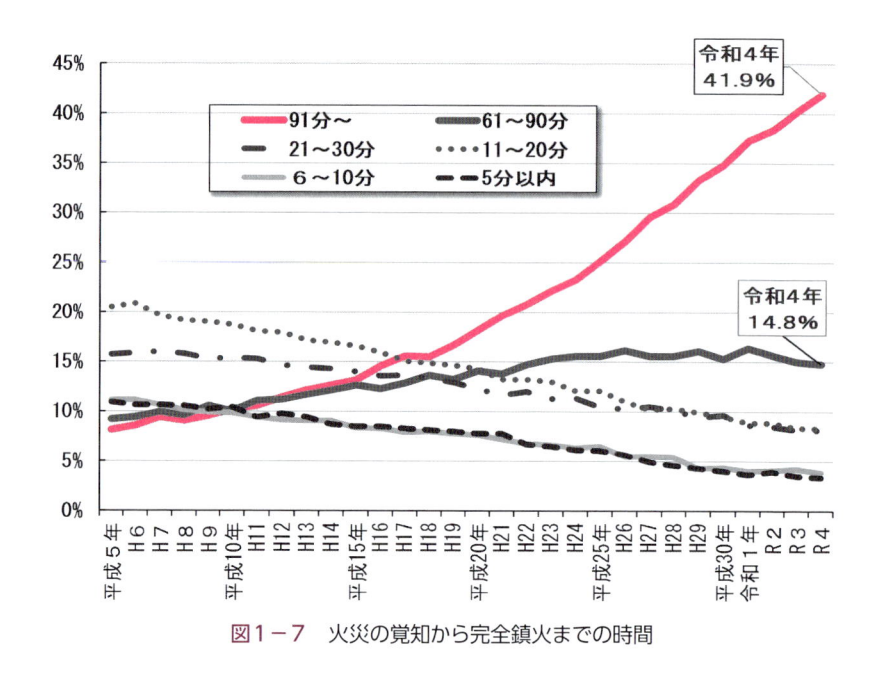

図1−7　火災の覚知から完全鎮火までの時間

　火災件数が少なくなり、火災の出場機会が少なくなると、消防職員のスキルアップのみならず基本的な技術の習得さえも時間がかかるようになる。そして、いざ火災が発生すると、それなりの面積が燃え、人命救助が必要となる状況が多くなるとすれば、消防としてはより高度な消火技術・新しい救助技術とそのための教育、とりわけハイレベルのOJTが求められることになり、消防の警防活動のあり方に新たな課題を突き付けることになる。

3　火災の状況を踏まえた対策

　消防は、火災等の災害から人的及び物的被害を軽減することを大きな目標にしている。全体を見れば、確かに火災は減っているし、死者も減っている。しかし、火災1件あたりの物的又は人的損害がそれほど減少していない現状に目を向け、さらに被害を軽減する警防・予防対策を考え、力を注いでいく必要があるだろう。そのことが、消防への社会的信頼をさらに高めることになる。

（1）　警防面の対策

水槽車の増車と初期消火対策

　警防面では、なんと言っても119番通報から放水開始まで、そして包囲体制を取るまでの時間を少しでも短くすることである。かつて米国の消防本部を訪問したときに、こんなことを聞いたことがある。「アメリカの消防車はほとんど水槽車と聞いているが、それはなぜか」と。私は、日本と比べ消火栓があまり整備されていないからではないかと考えていたが、その答えは、「早く火を消すために、できるだけ早く水を出すことが重要だから」と至極当たり前の答えが返ってきた。

　日本では、道路事情もあり、水槽を積載しているタイプのポンプ消防車とそうでないタイプのものがあるが、その割合ははしご車などを除いて半々位である。

　地震対策も考慮して計画的に水槽車を増やしている自治体もあるが、即消能力という点では水槽車の効果は大きい。どうすれば、より小さい火の段階で火災を鎮圧できるか、地震時における消火水の確保対策も考慮に入れながら、この最も基本的なことを常に追求していくことは、消防の原点である。

新たな消火方法の検討

　次に重要なことは消火方法の検討である。日本では建物火災に対する水による消火方法は昔から変わっていない。これは水が比較的豊富で安価であることに拠るものではないかと思っている。これに対し、一つの例であるが、米国では1990年代から建物火災に対して泡で消火する研究が行われ、都市によってはかなり割合の火災に使用していると聞く。これは化学物質の火災に使用する泡とは性質が異なっており、発泡倍率は通常の泡と比較して 3 倍から10倍程大きいもので、これにより、火災を早期に鎮圧するのに役立てているようだ。1990年代頃から徐々に建物火災への使用が始まり、米国防火協会（NFPA）の研究等を経て国家安全保障省からレポートが出され、NFPA からガイドラインが出るに至っている。

　米国と日本とは住宅火災に対する出場部隊の数や種類などの戦術や一般住宅構造に対する建築関係の規制が全く異なっており、その一環としての消火薬剤の選択とも考えられるが、消防車にその泡消火システムが標準装備されている

のも見られる。

水を主体にし、水損も考慮しながら火点を確認しての消火活動を基本とする日本の消火戦術において、焼損面積をさらに少なくし、住宅火災における死者を減らして隊員の安全も確保できる何らかの新しい消火戦術を、日本でも考えていく状況になっているのではないだろうか。特に水道管の耐震化状

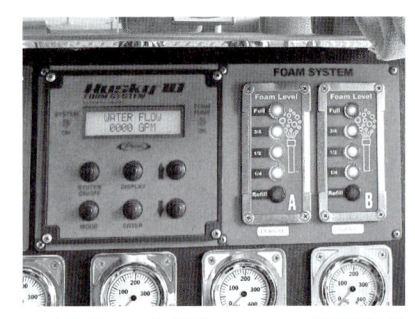

木造家屋用の泡消火システムが標準装備されている

況を踏まえると地震時においては消火栓が使えなくなることが考えられ、この点においても新たな消火薬剤の検討の時機に来ていると感じている。

実践的な火災訓練施設の設置

火災の経験によるスキルの習得を補う対策としては、実火災を体験できる教育訓練施設の整備、炎上火災事案の情報のデータベース化による共有、炎上火災の映像などを活用したシミュレーションによる学習システムの構築などと言ったことが考えられる。

今日、全国の消防本部や消防署には訓練棟や体育施設といったもの整備されているが、これは救助隊が全国の消防本部に徐々に配置され救助大会が毎年開催されてきた経過において、救助出動件数の増加とともに、その必要性から全国に広がって定着化していったものと理解している。

訓練棟は今や消防本部のシンボル的施設として当たり前のものとなっているが、これからは、火災に対してより高度な戦術や安全管理のための訓練をする施設として、消防学校に整備されつつある実火災を体験できる施設を、1本部に少なくとも1つ整備することを期待する。

最近ソフトが充実してきているバーチャルリアリティを利用したシステムも悪くはない。バーチャルリアリティを利用し、一般の方々が火災の恐ろしさを知り、非常時の行動手順を学ぶことは有効を考えられる。しかし、一定の経験を持つ消防職員が危険性の極めて高い火災現象であるフラッシュオーバーやバックドラフトなどを学ぶために、火の移動スピードや煙の色の変化等を体感

し、いざというときに自分の命を守る咄嗟の判断と行動をすることができるようにするには、より実践に近い訓練システムを構築しなければならない。この施設があれば、消防団員の訓練にも使用ができ、市民にも火の恐ろしさを教え、地震火災への備えを広げることにも役立つ。

　火災の経験が少なくなっている昨今、シミュレーションや教育でその技術を向上させる手立てをより充実すべきであろう。

（2）予防面の対策

早期発見通報のための連動型住宅用火災警報器の普及

　全国的に住宅用火災警報器が普及し10年以上が過ぎているが、多くの住宅で電池の交換や更新時期を迎えている。住宅用火災警報器は、当初はどちらかというと必要な部屋に個別に設置されるものから普及をしていった。

　昨今高齢者の死者は増加傾向にあるが、より早期に火災を発見し通報に結びつけるようにするには誰かが支援するか、システム的な対策を検討することが必要であり、そのためにも住宅用火災警報器の一層の活用が急務である。

　このため、住宅用火災警報器をこれまでのように各部屋でスタンドアローンとして使用するのではなく、既に開発され普及が進められている火災信号をほかの部屋や屋外に移報する連動型の普及を強力に進めるべきである。

　そして、もっと効果的に発見通報を進めるとすれば、例えば、住宅用火災警報器の信号をスマートフォンを介して別のところに住む家族、近くの協力者や町内会の防災関係の役員などに迅速に通報できるアプリを考案してはどうだろうか。既にペットなどの見守りのための機器とスマートフォンとの連携は実用化されている。火災信号を別のところに住む家族に送信し、家族がスマートフォンを通じて高齢者に避難を呼びかけるとともに、高齢者が住む消防本部に119番通報するといったことができる。今日の通信技術を持ってすれば、おそらく信号の移報と同時に煙の様子や炎の映像を送信したりするのは容易で、より信頼性の高い信号を送ることができるはずである。

　住宅用火災警報器の信号をほかの部屋や外部に即時的に送ることができれば、周囲の誰かがより早く火災に気付く可能性は高まってくる。高齢化が進んでいる事実や住宅環境の変化なども踏まえ、高齢者の特性を補うより実効性の

ある対策として、何か自動通報システムといったものの検討が望まれる。

住宅における初期消火と避難計画の指導

　火災の発生時における早期発見・通報とともに重要なのは初期消火と避難である。一般の防火対象物では防火管理者の選任義務対象となると、火災や地震が発生した場合における通報連絡、初期消火及び避難誘導の３つがセットで計画が作られる。それはこの３つが火災による被害を軽減するための基本的な対策であるからである。しかし、戸建て住宅では、住宅火災警報器の普及により火災の早期発見は着実に進んでいるものの、それに続く通報、初期消火及び避難誘導がどのように計画されているのか必ずしも明確ではない。

　住宅火災を含む建物火災においては１件あたりの全焼割合がやや増加傾向であるが、このことは火災原因調査の観点からすると通報が遅れていることを示唆している。また、戸建て住宅では消火器の設置義務がなく、アンケート結果や関係工業会の調査などによれば消火器の設置率はあまり高くない。

　阪神・淡路大震災及び東日本大震災では、地震直後に発生した火災が初期消火されずに大規模な街区火災となっており、令和６年（2024年）１月に発生した能登半島地震においても輪島市では１件の火災から大規模火災に拡大している。発生が懸念されている首都直下地震や南海トラフ地震などでは、消火器など「消火資機材保有率の向上」が対策の一つの柱となっている。地震時は、たとえ戸建て住宅という規模の比較的小さい１件の火災でも、それが消火されなければ大規模な火災につながることを改めて認識し、消火器の普及を進めていかないといけない。

　そして、初期消火ができなければ、次の行うことは避難である。日本では戸建て住宅において避難計画を作成するという発想はあまり聞いたことがない。しかし、海外では戸建て住宅であっても日本のホテル等と同じように避難計画を作成することを推奨して、火災や地震時の避難ルートの明示はもちろんのこと、消火器の設置場所や応急手当の器材の設置場所も明示したりしている。国内では住宅の規模や部屋配置に類似したような小規模な社会福祉施設が防火管理者の選任義務対象となり避難誘導計画が作成されている。一方で、同じような規模や形態の戸建て住宅では避難計画がないのは何ともバランスを欠いている。高齢者が関係する火災が増加している中で、高齢者のいる世帯の戸建て住

宅における避難計画を検討する必要がある。

住宅火災では、年齢が高くなるほど避難行動を起こしているものの死に至ったという割合が高くなっている。つまり避難行動が遅れているということだ。考えてみれば、高年齢になって、住まいが火災となり、それに気がついて119番通報し、初期消火を行い、避難するという一連の行動起こすことはかなり難しい。

このため、避難計画を作成しこれを台所や寝室に掲出しておけば、日常的に避難の方法を意識することになり、いざというときの避難に対する行動能力を高めることができる。さらには、火災の発生時でも慌てることなく消火器の設置場所を確実に思い起こしてより短時間で対応することができるといった効果も期待できる。

ただ、防火管理者の選任義務対象物の計画と少し異なるところは、必ずしも避難を誘導する人がいないことだ。これには近隣の方の支援が欠かせない。できれば火災時に近隣の方々へ自動的に連絡が行き、通報、初期消火、避難誘導を近隣の人が支援するなどの協力を行ってもらう取り組みがあれば一層安全への効果は高まることになる。

まとめ

日本では、戸建て住宅に対する火災時の避難行動等に関する計画の作成はあまり馴染みがない。

住宅火災の割合が増加し、火災による高齢者の死者が増加している現在において、消防は住宅用火災警報器のさらなる啓発はもちろんのこと、火災対応の最も基本である早期の通報の意識高揚と自動化などの手段の確保、消火器の設置、そして避難計画を指導していく必要がある。これらは法的バックアップがなくその対象も広いことから容易に進むものではないが、火災の実態を踏まえ消防団員や地域関係者とも連携を取って普及方策を検討し段階的に進めていくことが期待される。

これらの対策は今最も危惧されている大規模地震の際の地震火災の軽減にもつながることになるもので、大規模地震時の行動をシミュレーションするものとなって火災の発生拡大と人的被害の軽減に寄与することができ、さらには地震時における消防機関の活動をより効果的に進めることにつなげることができる。

今日、消防が行う救助活動に対する期待は大きく、救助出動件数は増加の一途をたどっている。その中で、事故種別を見ると、救助工作車の整備を全国の消防本部が推進してきた時代とは、大きく様変わりしている（**図2−1**）。

すなわち、交通事故の救助活動件数が大幅に減少し、建物等による事故の件数の増加が著しい。また火災の活動件数が減少傾向にあり水難事故の件数が増加している。

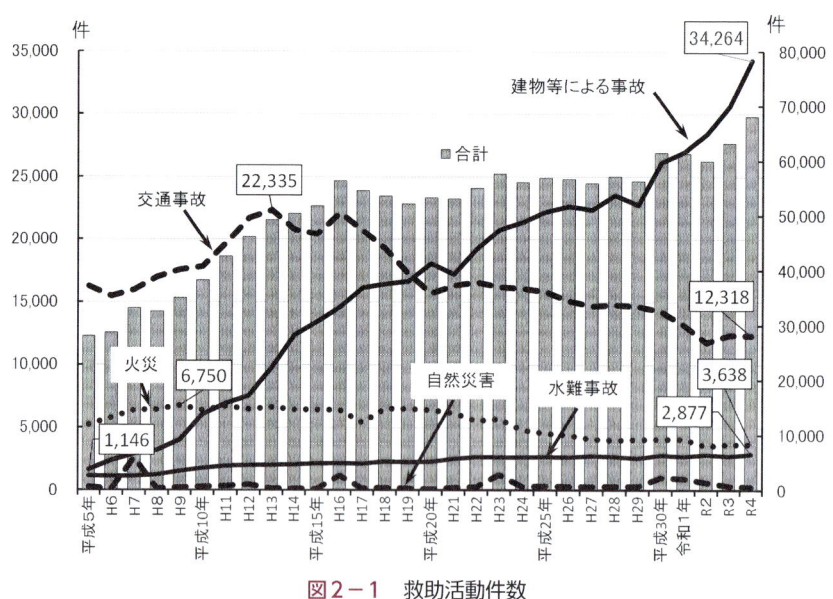

図2−1　救助活動件数

1 救助隊の発足と発展

横浜市の救助隊は、東京オリンピックが開催された正にその年である昭和39年（1964年）8月に発足した。救助隊が検討された時代背景は様々あるが、その一つが風水害であった。昭和33年（1958年）の台風22号、いわゆる狩野川台

風で、市内で多くの崖崩れや土砂崩壊が発生し市内だけで61人が亡くなり、また昭和36年の集中豪雨でも22人が亡くなっている。さらに、この間、化学工場の爆発などそれまで消防が経験したことのない特殊災害にも遭遇していた。

　そして救助隊の発足を加速することになったのは、昭和38年（1963年）11月、国鉄（現在のJR）の鶴見駅と新子安駅の間で起きた鉄道事故、いわゆる鶴見事故である。この事故では、下り貨物列車が脱線転覆し、そこへ上りと下りの横須賀線の電車が衝突脱線したもので、死者は160人を超える大惨事となった。この事故では、横浜市消防局が総力をあげて救助活動にあたったが、現場に到着した消防隊はそれまで経験したことのない大規模な鉄道事故の救助活動に資機材も十分ではなく、救助活動は困難を極めた。

　横浜市では、この事故の以前から米国の資料などを参考に特殊な救助資機材を徐々に整備してきていたが、台風や集中豪雨、そして急速に数が増えていった特異な都市型災害を受け、消火だけの消防ではなく多目的な消防へと転換することを迫られ、救助隊の発足そしてさらなる救助資機材の整備強化へとつながっていった。

　救助隊の発足は、風水害や水難事故での活動が大きな目的の一つであったことから、最初に配置された本部特別救助隊の車両は、出場途上においてアクアラングなどを装着できるようバス型にしており、今もこの形が引き継がれている。

初代の本部特別救助隊の車両

　消防署にも、救助隊（当時は「兼務救助隊」）が配置されたが、ボートを積載できるように、消防車両の上を平らにした構造であったり、また全国に先駆けて水陸両用の車両も配置をするなど、正に風水害に対する意気込みの強さが感じられた。

横浜市では、全国に先駆けて水陸両用消防車も整備した（昭和42年）

訓練といえば、主に自衛隊から学んだ陸上の基本的な救助技術のほか、アクアラングの装備を使用した水難訓練が繰り返し行われ、昭和43年（1968年）には、風水害救助を目的とした消防署対抗のボート操法競技会も開始されている。

　その後、横浜市では昭和40年台後半からは風水害の死者数は減少していくが、一方で交通事故や工場等での災害が増加していき、陸上の都市型救助隊へとその機能の中心が変遷をしていく時代に突入していく。

　全国的に見ても、昭和50年代当初から平成16年（2004年）頃までは交通事故が増加の一途をたどることになり、これに歩調を合わせるように全国の救助工作車の数が約6倍と急速に増加をしている（**図2-2**）。交通事故の活動件数は、ピーク時には全活動件数の半分以上を占めており、交通事故の活動を通して、救助隊はその救助技術を磨いていったといっても過言ではない。

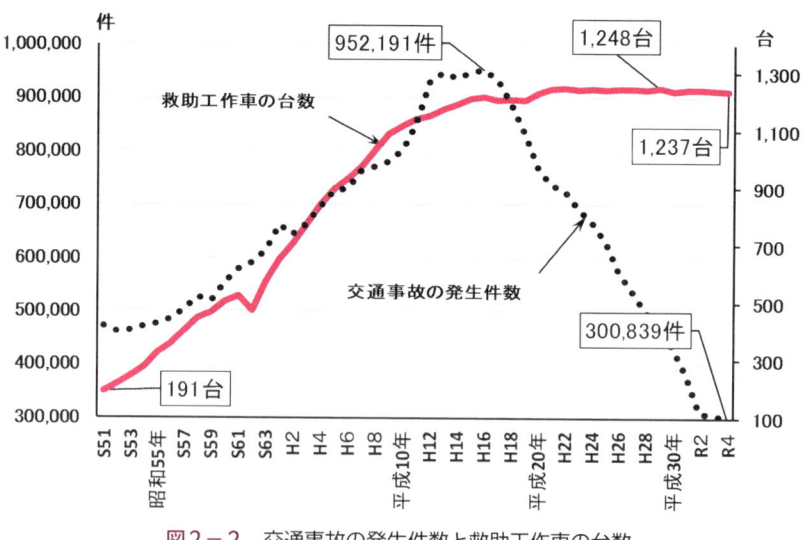

図2-2　交通事故の発生件数と救助工作車の台数

2 現在の救助活動

交通事故の減少

　交通事故は、その悲惨な犠牲者を少なくするため、シートベルトの着用規制、危険運転や飲酒運転などの厳罰化、エアバッグや人を守る車体構造、道路基盤

や標識の改良など様々な対策がとられてきた。

　こうした施策は当然のように交通事故現場における消防の救助活動にも変化を及ぼし、交通事故の救助活動件数は30年前には全活動件数の60％近くを占めていたが昨今では20％以下となっている。しかも、出場をしてみると、車はかなり壊れているのに、運転をしていた人はほとんどけがをしていないといった例も見受けられる。

　これを物語るものなのか、警察庁の統計によれば、昭和50年当時重傷者の発生割合は、交通事故8件に1人程度であったが、令和4年（2022年）には重傷者数は約6割減となり、発生割合は12件に1人程度になっている。全体の交通事故件数が減少しているので実数の減少感は大きい。

建物等による事故の増加

　一方、近年著しく増加している建物等による事故は、交通事故による救助とはだいぶ様相を異にしている。かつて建物等による事故といえば、建物が倒壊し挟まれているとか、予期しない外的物理的要因によって閉じ込められたりして出られなくなったという状況が発生し、危険が差し迫っていることがかなり明白な状況において、救助活動をするという事案であった。

　しかし、昨今の建物等による事故の多くは、戸建ての住宅、マンションやアパートにおいて、「遠方に住んでいるが電話を掛けても通じない。何かあったのではないか。」、「新聞が多くたまっている。病気がちであったので確認して欲しい。」といった通報に基づくもので、もしかしたら倒れているのではということを心配した家族や友人等が救助を要請してくるものが多い。特に、高齢者の事案が少なくなく、外国人や高齢者以外の一人暮らしの方などが関係する事案もある。

　消防が対応する救助案件は、これまでは、急激な衝突や破裂などで建物や工作物、自動車、機械などが物理的に破壊されたりして、通常の使用状態をとどめていない状況の中で、救助が必要な人がいるという事態であることがほとんどで、その救助活動の場面においては、救助を阻んでいる建物や物件についての保全という視点はやや横に置かれていた。

　しかし、昨今の建物等による事故は、通常の使用状態を保っている住宅等に

おいて、何とか住宅の中に進入して迅速な救急搬送に繋げるというものである。この多くは建物の所有者などに進入の同意を得ることが難しく、住宅等の玄関や窓などの保全ということを強く念頭に置かなければならない活動となっている。

3 これからの消防救助

特殊な都市型救助事案への対応

交通事故の救助活動件数が減少傾向にあることを記述したが、経済産業省のデータに拠れば、都市ガスやＬＰガス、火薬や感電による事故も減少傾向にある（図２−３）。また厚生労働省のデータに拠れば建設業など全業種における労働災害による死亡者数も着実な減少傾向にある。

事故を教訓とした安全管理に対する意識の高まり、機械的システムや個人装備の改善と普及に拠るものと考えられるが、おそらく今後も死亡者を伴う都市型の事故は、発生頻度が低くなっていくと考えられる。

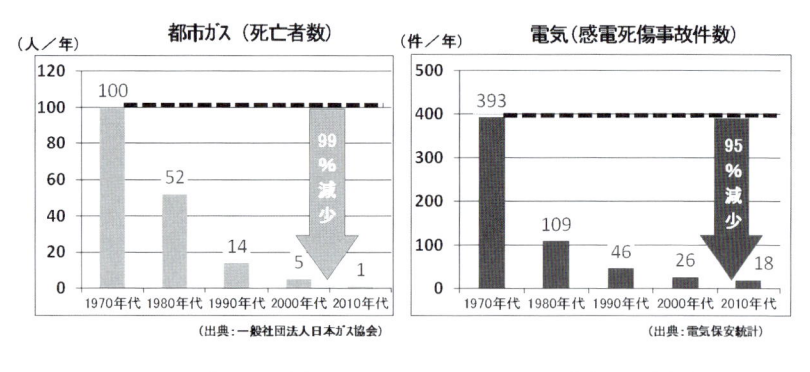

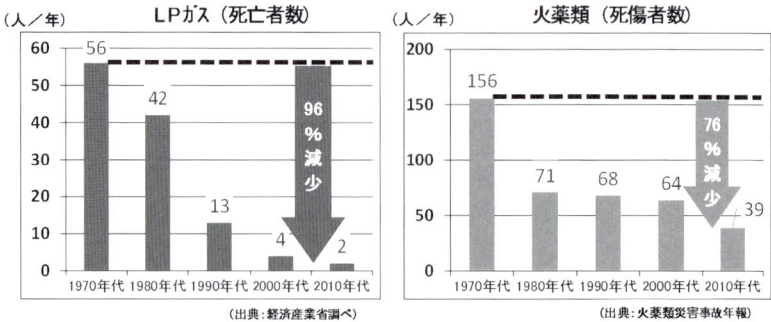

図２−３　事故による死傷者数の推移（経済産業省資料から抜粋）

　一方で、規制緩和や新たな技術開発により、これまでに経験しなかったような、また想定できなかった事案が発生してくる。例えば、次世代自動車の事故、一般には知られていないような新たな化学物質の混合や拡散による事故、複雑なプラント工場でのシステムプログラムの隙間から発生する事故などである。ただ、こうしたシステムも数々のフェイルセーフ機能が装備されることにより、おそらく事故の発生頻度はそれほど高くはならない。

　新たな技術開発の進展に伴い、その危険性を事前に察知することはますます困難になってくる。そして、万一事故が発生した時には、それが初めての経験となり消防隊員への安全をも脅かすことになる。

　では、こうした事案に消防はどう対応すればよいのであろうか。答えはそう簡単ではない。当然のことながら新しい技術については、管内の民間企業等による説明を受けながら災害のプロとしての目を通してその危険性を予測し戦術を考えていかなければならない。ただ、多くの複雑な事案ごとに個別の戦術を策定することは不可能でないにしても、それをすべて頭に入れておくことはなかなか難しい。まして、発生頻度が低い事案であれば、なおさらである。

　このため、まずは、都市的な構造の変化を捉えながら基本的な救助・消防戦術を常に見つめ直すことが必要だ。そして、それをベースとしつつ、特殊な事案にあっては、事前に検討した戦術や救助手法といったものを共通のフォーマットでポイントをまとめ、共通する行動要領に特異な要素をプラスする形で整理をしておく。こんな作業が必要なのではないか。別に新しいことでもなく今もやっているよ、と言われそうであるが、以外とできてない。そしていざというときにそれを短時間で引き出して活動に活用できるようにしなければ意味はない。このため、この情報をデータベース化して保存し、迅速に検索できるシステムを構築していくことである。

　もし可能ならば、このシステムを各消防本部の指令システムと連携し、指令の段階で支援情報として救助部隊に送ることができれば、より高度な救助活動を迅速に行うことに寄与できるかもしれない。

　既にこうした情報をとりまとめ運用している消防本部もあると思うが、特殊な救助事案の経験は消防本部によってばらつきがでることから、本部を超えて情報共有できれば、より充実したものができる。

水難救助や風水害に対する救助事案への対応

　理由は定かではないが、水難救助活動件数が増加している。また、明確な経年傾向としては現れていないが、大規模な風水害が発生している年は自然災害による救助事案が多くなっている。今後、地球温暖化の影響もあって、台風や豪雨などの頻度は高まり激甚化すると言われているが、水難救助や土砂災害等の場面での救助活動は、残念ながら命を救うことはできないことが多く、もっと確実に人命を救助する方法はないものかと考えてしまう。

［玄倉川での事故］

　水難事故で深く印象に残っているのは、平成11年（1999年）8月14日（土）の神奈川県玄倉川で起きた水難事故である。

　この事故は、玄倉川でお盆休みに多くの家族連れがキャンプをしていたが、低気圧の影響で関東地方に大雨が降り、中州に取り残された人たちが流され13人が死亡するという大変痛ましい事故である。この事故で、消防は救命策発射銃を用い対岸へのロープの展張を試みるが、川幅が広かったことに加え、対岸の急峻な地形の10メートル以上ある樹木の枝に邪魔をされ、また流木を含んだ急激な川の流れにリードロープを切断されたりしながらの難しい救助活動となった。自衛隊のヘリコプターを要請するも、天候不良のため航空法の規制により航行不能であった。今ならドローンを使うという手も考えられ、雨や風が強い状況での全天候型ドローンの運用に期待は大きい。

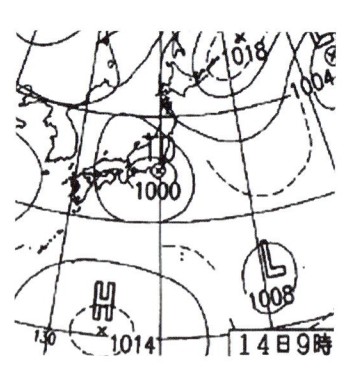

玄倉川の事故をきっかけに「弱い熱帯低気圧」という表現が「熱帯低気圧」という表現に変更された

　消防庁では、平成30年（2018年）3月に「洪水・津波災害等に伴う水難救助活動について」の報告書をとりまとめているが、消防本部では、こうした資料を活用し、地域の河川等の状況を調査したうえで、より厳しい条件下で

都市間連携を目指した水難救助訓練

の水難事故を想定したりして、現場サイドからの課題を把握するとともに、新たな資機材の開発についての提案をとりまとめたりすることが必要かもしれない。

［土石流災害］

　また、令和3年（2021年）7月に熱海市で発生した土石流による災害は、街中の長い距離を土砂が流れ下るというもので、多数の死者が発生した平成26年（2014年）の広島豪雨災害の様相に類似した災害となった。筆者も土砂災害の現場経験があるが、救助活動にあたり消防の資機材は全く歯が立たず、予想をはるかに超える救助時間を要することとなり、土木技術を取り入れた土留め施工や新たな資機材の開発等の必要性を痛感したことを鮮明に覚えている。土留めといっても、要救助者の概ねの位置が分かっていれば可能であるが、位置が分からない場合に対応することは難しい。さらに、通常の工事現場とは異なり、容易に重機が入らない中で、土砂の中に大きな岩や固い砂利はもちろんのこと、樹木や建物等の構造物の大小の破片が方向性のないまま混ざり、そのうえ水を大量に含んだ土砂が要救助者の周辺に絶え間なく入り込んで、土留め施工を行うことは決して容易なことではない。

　熱海市の災害では、土砂が流れ下った距離が長く、全壊建物が大変多かったことから、土砂の量に加えてその中に巻き込んでいる建物や自動車、樹木といった物件が異常であったと推察する。元来、風水害の現場での水分を多く含む土砂の搬出は容易ではなく、実に難しい現場となったに違いない。

　近年は異常な豪雨などによる土砂災害が全国各地で増加しており、戦術検討の必要性は高い。ただ、人的被害の大きい土砂災害の発生頻度を市町村単位で見れば、何十年に1回というものもあり、大規模な土砂災害の起きていない消防本部において、土砂災害の活動について十分に時間を掛けて検討したり、土砂災害を見据えた消防資機材の整備のための予算を獲得していくことは必ずしも容易でないと推測される。

　このため、土砂災害のための特別な資機材を何か全国でブロック別に備蓄するといったようなことができないだろうか。既に整備が進められているかもしれないが、これにより、必要な資機材を必要な量だけ迅速に現場へ供給することができる。また、土砂災害に対する緊急消防援助隊の派遣にあたっては、消防本部の規模にかかわらず、大規模な土砂災害を経験しその教訓と対応要領を蓄

積している消防本部を指揮支援隊として追加派遣するというのは如何だろうか。

体制的あるいは地域的に派遣できるかどうかの問題はあるが、昨今は災害の特殊性が増し都市によって経験できる災害に違いがある中で、土砂災害に限らず、特定の災害に対して、経験とより専門性の高い技術と知識を持つ消防本部がある。これらを他都市での同様の災害に対して何らかの形で派遣をするのは必ず役に立つはずだ。

4 建物等による事故の対応

事案に内在する難しさ

建物等による事故での救助活動の場面で、救助隊を悩ませていることがある。この活動では、建物の保全という視点が重要なことから、破壊行為による進入は極めて慎重に行っており、緊急性の有無を判断するため、可能な限り窓等の開口部から家の中の様子を観察したり、洗濯物や郵便受けの様子、関係者からの聞き取りなどを確認した上、救助活動を開始している。しかし、それでも人の姿が見えないなど、緊急性を探ることは容易ではなく。マンションの一室となれば、なお確認は難しくなる。

また、この現場では、破壊行為による関係者とのトラブルを避けるため、できる限り関係者の同意を得て救助活動を実施することとしているが、同意を得るべき建物の関係者から同意が得られないことが少なくない。一人暮しの高齢者などは、なおさらである。

このため、救助活動の正当性を確保するため、警察官や自治会・町内会の役員などの立会いと了解を求めて行うこととしているが、これらの手続きを重視することで関係者の到着までに時間を要することになり、迅速な救助に支障をきたすことがある。本当に緊急を要する事態があったとしても、それには対応できないこともある。

さらに、この現場では、破壊活動を行い何とかして室内に入ったところ、結果的に不在であったり、ただ寝ていただけという場合もある。これにより、時には破壊した物件の弁償を求められたり、破壊行為を非難されることさえあり、近年この事案のトラブルは極めて多くなっている。玄関や窓を壊さないで何とかならないかという困った要望もある。

対応の根拠法令

　消防が行う人命救助活動については、消防法第36条第8項の規定を受けて、消防法第29条第1項が適用されることとなっているが、この建物等による事故では、果たして第29条第1項が適用できるのであろうか。

　第1項は「火災（災害）が発生せんとし、又は発生した消防対象物」が対象であるが、建物等による事故は、その状況が客観的に災害又は事故かどうかは容易に認識できない。このため、第1項が適用できるのかちょっと悩ましい。一方、第3項は、人命救助のため緊急の必要があるときが一つの要件とされており、建物等による事故の救助にも適用ができそうである。ただ、第3項の執行権限者は消防長又は消防署長であって現場の救助隊長ではないということが引っかかる。もともと第3項では、火災の発生又は延焼などの危険性に高度な判断が必要とされる場合であることから、その処分は消防署長等の権限とされていると理解している。そして、この行為には損失補償の規定もある。

　仮に、第3項が建物等による事故における破壊行為の根拠となると、火災と違って緊急の必要性があるかどうか外観的に判断することが難しいこと、さらに、その都度権限行使について消防署長等に状況を報告し、方針を取らなければならないことになり、迅速な救助活動にさらに時間を要することになる。

　もちろん、消防署長の事前命令としての手続きを定め、当直の課長等に了解を取ったうえで、消防署長名で破壊行為を行うという方法が考えられる。予防関係の違反処理では、例えば第5条命令を口頭で行い後日署長名の文書を交付するという手続きを定めているものがあるが、これに類似した手続きとすることは可能である。また、破壊行為に際して通報者や立会者などから同意書や確認書といったものを取っている消防本部もあると聞くが、こうした方法は客観的事実を確保するという点で有効である。

今後も増加し続ける建物等による事故

　厚生労働省の人口動態統計に拠れば、自然災害も含んではいるが、自宅において不慮の事故により死亡している人は年々増加しており、30年前の実に1.6倍になっている（図2－4）。増加している主な理由はおそらく高齢者が増加していることと考えられるが、こうした傾向を受け、今後も建物等による事故は

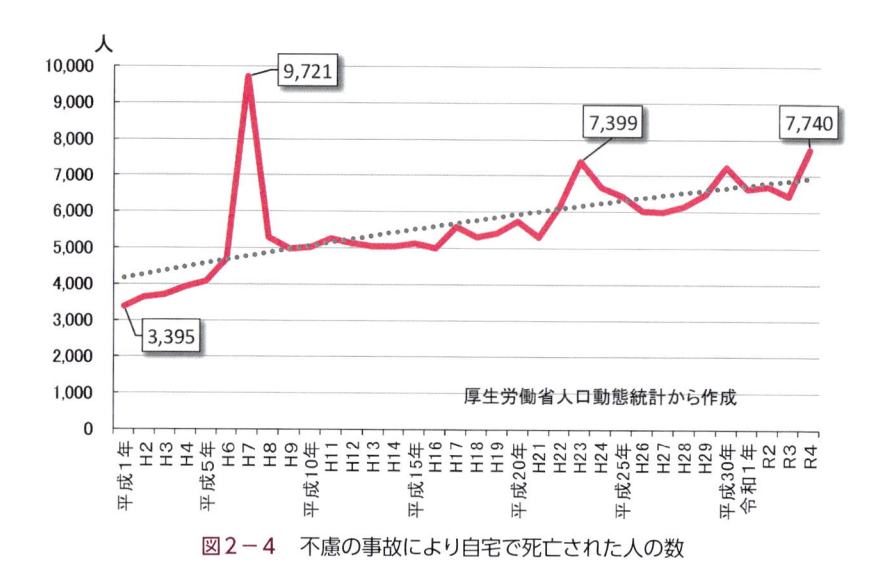

図2−4　不慮の事故により自宅で死亡された人の数

増加し続けると推察される。

　この活動は、ある意味で鍵があれば迅速な救助活動ができる事案であるが、鍵がないために破壊活動をせざるを得ないというジレンマがある。極めて突飛な発想であるが、救助隊が鍵を開ける技術を身につけるか、鍵を開けることができる特殊な機材を保有するか、あるいは水圧シャッターのように、消防しか保有していない機材を使って、水圧や空気圧により解錠できるようなシステムが考え出されれば、普及に係る年月の問題は別として、問題の解決に向けて少し前に進むかもしれない。

　こう件数が多くなってくると、当面は手続きを整備せざるを得ないが、現場の救助隊員と建物関係者の負担を少しでも軽減しながら迅速な救助に結びつけるために新たな対策の開発が急務である。

まとめ

　米国の最近の記事によると、米国の住宅火災における避難の余裕時間が30年前と比べて1/3〜1/5になっているというものがある。その理由は、住宅の構造物や内容物の材質の変化による燃焼特性が変わってきていることだと記されている。日本の住宅事情に、もし同じ傾向があるとすれば、火災における救

助活動は今後益々難しくなり、安全管理にも注意が必要だ。

　一方交通事故は、急速に進む自動運転の普及によりその救助活動件数は更に減少が進み、交通事故現場での高度な資機材を使用した活動は経験できなくなっていく。

　気候変動、建物の構造的な変化や技術革新による生活を取り巻く変化、加えて人の意識の変化などを要因として、気がつかないうちに従来とは違う形の災害の芽が出てきて、なぜこんな場所でこんなことが起きるんだと感じるような予測不可能な災害が増えてくる。

　こうした状況において、消防救助のプロとして、社会環境の動きを敏感に捉えながら、どのような災害においてもより迅速に人命を救うことができるよう、とりわけ発生頻度が少ないような特殊な災害であっても確実な活動をするために、これまでの経験を生かしながら想像を膨らまして、その救助対策をシミュレーションする試みが一層重要になる。

第3 軽症者からの救急要請の減少に向けた消防の権限

　救急の出場件数は、新型コロナ感染症の影響によるものか令和2年（2020年）は前年と比較して減少しているが、最近の傾向としては増加の一途をたどっている。全国の消防本部では、救急需要の増大に対応するため、様々な形での救急車の適正利用の広報とともに、119番受信時や現場における緊急度判定の導入が進められている。平成29年（2017年）に内閣府から公表された「救急に関する世論調査」の中で、119番窓口や救急隊による緊急度判定を受け入れるとする人の割合はいずれも70％を超えており、消防本部が行う緊急度判定にかなりの人が理解を示していることをうかがうことができる。しかし一方で、消防本部が救急車の必要性が低いと判断する場合の条件としては、「すぐに受診できる病院の紹介」をあげている人がいずれの場合も70％を超えており、これは＃7119などの病院紹介の需要が高いことを物語っているものと考えられ、また、別の角度からは見れば、救急車の利用の目的の一つに受入先の病院選定の期待があるのではという見方もできる。

　平成27年（2015年）には、国の財政制度等審議会における増加する救急需要について検討が行われ、地方財政の健全化のために、諸外国の例を参考にしながら軽症事例の有料化などを検討すべきであるとする「救急車の一部有料化」について答申がなされた。この答申が行われた背景には、当時10年間で救急の出場件数が約20％増加していることや消防費が約2兆円と膨らんでいること、また救急件数の約5割が軽症者となっていることから緊急を要する傷病者への救命に影響が出かねないことをあげている。

　救急需要の増大は、昨今の厳しい地方財政状況の中で消防にとって重要な関心事であるが、救急需要の増大に対して、現在進めている施策の効果をさらに高めるにはどのような対応策が考えられるのだろうか。

1　救急出場の現況

　救急出場の状況を少し具体的に見てみる。令和4年（2022年）中の救急車の

出場件数の合計は約723万件で30年前の平成5年（1993年）と比較して約2.5倍になっている。事故別では急病が約3.2倍、一般負傷が約3.3倍と総数を上回る勢いで増加している一方で、交通事故は約0.6倍と減少している（図3－1）。

　程度別の搬送人員では、平成5年と比較し、重症が1.2倍、中等症が2.7倍、軽症が2.1倍で中等症と軽症の伸びが大きく、それぞれの全体の占める割合の推移では、軽症はほぼ横ばいの中で中等症が増え、重症の割合が減っている（図3－2）。急病や一般負傷が増加し、また中等症が増加している要因の一つに高齢化の進展があると考えられる。

　程度別の分類は消防法で定義される救急業務の緊急性とは同じ概念として直ちに整理できるものではないが、軽症の搬送人員が増加傾向にあるためその対策の必要性は年々高くなっている。

　また、急病、一般負傷及び交通事故に占める軽症者の割合では、外傷が多い交通事故と一般負傷が高くなっている（図3－3）。一般負傷の軽症の割合にやや減少傾向が見られるものの、この3つの状況には大きな変化は見られない。全国の消防本部では、平成20年（2008年）頃から徐々に119番受信時等の緊急

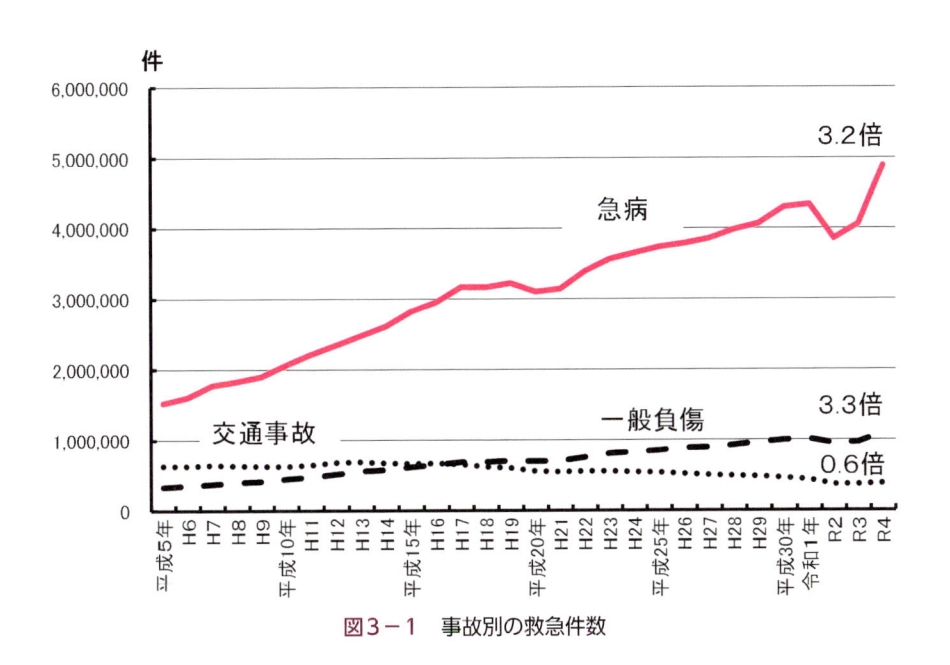

図3－1　事故別の救急件数

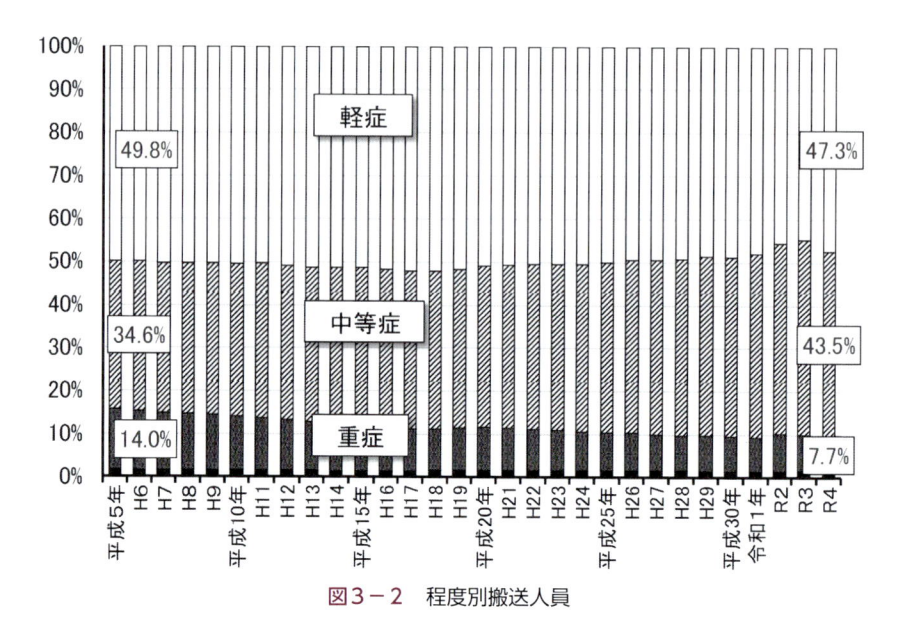

図3-2　程度別搬送人員

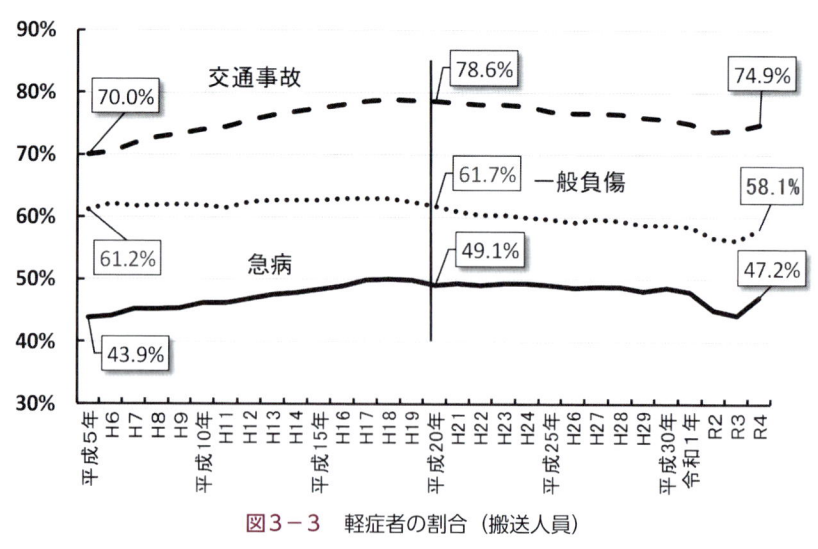

図3-3　軽症者の割合（搬送人員）

度判定の導入が進められているが、消防庁の調査によると、平成30年度において、119番受信時の緊急度判定は全国の50％を超える消防本部が導入し、現場での緊急度判定は約64％が導入しているという。

　平成20年（2008年）以降のグラフを見ると、それぞれ軽症の割合が若干ながら減少しており、緊急度判定の効果が徐々に出てきているのかも分からない。今後、緊急度判定がさらに広がり理解が進むにつれて、比較的その効果が出やすいとされている交通事故や一般負傷の外傷の軽症がどのように推移するのか注目すべき点である。

2　救急需要の増大に対する取り組み

　救急隊の業務は、年々高度化し確実に増加している。現場到着後の周辺の調査や関係者からの情報収集から始まり、傷病者の観察と傷病程度の判断、家族等からのヒヤリング、家族等へのインフォームドコンセント、119番センターの医師との連絡、応急手当の事前説明と実施、病院選定と連絡などを行い、病院に到着すれば医師等への状況報告や引き継ぎと実に多岐にわたっている。消防白書によれば、現着から病院到着までの時間は年々長くなっており、当然のことながら24時間で出場できる回数は少なくなっていく。このため、出場件数が増加していく中で救える命を救うための救急体制を確保するためには、出場件数を減らすか、救急隊の増隊かの選択を余儀なくされる。

　救急隊の増隊は救急車やその資機材といった装備費と人員の増加に伴う基本的経費の増加が必要となるのはもちろんのこと、新たな救急車両のための消防署の車庫の確保や消毒室の設置、通信システムの設置や変更、増加する人員のための消防署の事務所や寝室の確保、及びこれらの運用や維持に必要な経費等を増加させる。地方財政が厳しい中では、経費や人員の増には一定のシーリングが設定されていることが多いため、救急隊の増隊によってほかの消防車両の更新に影響が出たり、場合によっては消防車両の減車につながることもある。特に、発生頻度の余り高くない特殊な災害のための車両や装備などの更新年限が引き延ばされたり、時には更新が見送られる可能性も高くなる。そして、人員の増加により、ほかの部署においては人員の減も想定される。増隊を視野に入れながらも、救急需要の伸びを抑えることができればベストである。

　消防では、救急需要の増大、とりわけ救急車の適正利用やいわゆる予防救急に対してこれまでどのような取り組みをしてきたのだろうか。

　何よりも重点を置いてきたのは、救急車の適正利用の広報である。ホームペー

ジを利用した広報のほか、自治会・町内会への説明やチラシ等の配布、ゴミ収集車による巡回アナウンス、スポーツ競技施設等の人が多く集まる場所での電光掲示板による広報、公共施設や主要駅でのポスターの掲出やバスへの中吊り広告、救急の日における駅等での街頭広報、救急車をはじめとする消防車両やバス等の公共交通機関へのラッピング、救急車利用時の注意喚起チラシの配布、駅関係者や警察関係者への依頼、イベントでの注意喚起のためのイベント業者への指導、飲酒に起因する予防救急のための飲食業界やホテル等に対する広報など、あげればきりがない。これらの広報によってそれなりの効果が出て救急件数が減少することもあるが、なかなか継続した効果は出てきてない。広報はあくまでお願いベースのもので、強制力はない。

　そして、広報以外の施策としては、消防法に定める救急業務に該当しないと思われる事案に対する有料化の検討、119番受信時の緊急度判定とこれに応じた出場体制の構築がある。

　救急業務の有料化については、古い話になるが、昭和36年10月救急業務を法制化するにあたって消防審議会に対して諮問され、救急業務に要した費用は徴収しないものとし、この費用について国は所要の財政措置を講ずるものとするといった答申がなされている。

　横浜市でも、救急需要が急増し予算が厳しく救急車の増車が追い付いて行かないことがあって、救急車の利用について有料化など様々な施策の検討を行ってきた。有料化といっても、すべての救急要請を有料化するといった考えではなく、消防法に定める救急業務の定義から明らかに外れるような要請を少なくできないものかという趣旨に基づいて、こうした一部の事案に対する有料化の検討であった。

　検討は数年に及んだが、内部の検討を経て、市民へのアンケートを実施し、医療関係者や有識者等から構成される救急業務委員会に諮問を行った。その結果、有料化は、高齢者の利用が増加する中で金額設定によっては必要な救急要請まで抑制をしてしまう危険性がある、一時的な滞在者に対する徴収を含めた徴収の方法が難しい、など解決すべき課題が多いことから時期尚早とされた。時期を同じくして、消防庁でも平成17年度に「救急需要対策に関する検討会」が開催された。その中で有料化について検討がなされたが、「救急サービスの有料化については、そもそもその財源として税によるべきものか利用者負担に

よるべきものかといった基本的な問題以外にも、需要抑制を目的とするのか、財源確保を目的とするのか、いかなる搬送を対象とし、徴収の仕組みや料金の額をどうするのか、需要の多寡に応じて生じる地域間格差をどう考えるのか等、整理しなければならない課題が数多く、公平性・公正性の点から論点も多岐に分かれている」とされ、「救急需要対策を講じてもなお十分でない場合には、……国民的な議論の下で、様々な課題について検討しなければならない」とされた（「 」部分は検討会報告書から引用）。このことは平成27年度の「救急業務のあり方に関する検討会」の報告書でも同様の趣旨で報告されている。

フランスのSAMU

　横浜市で救急需要に対する施策を検討するにあたって、フランスのSAMU（Service d'Aide Medicale Urgente、緊急医療サービス）の調査を行った。詳細な内容はほかの専門の資料に委ねるが、その概要と特徴は次のとおりである。

　SAMUとは、フランスの国が運営している公的緊急医療サービスで、コールセンターにおいて電話をしてきた患者の傷病程度についてレギュレーション（トリアージを含む医療調整）を行い、その状況によって、ドクターカーやドクターヘリ、消防の救急車、民間の救急車を差し向け、公的病院や民間の病院などに搬送し、救急車で搬送をしないと判定した場合は、事案に応じた医療機関を受診することを勧めたり、電話による医療相談に応じるというものである。コールセンターには専用の医療チームが配置され、地域の一般診療所も含め様々な医療機関への対応を指示することができる。

　緊急度が最も高い事案は、救急用の車両、ヘリ、航空機等の手段を用いて、高度な医療機材とともに医師と看護師などが出場する。消防の救急車が扱う事案は、その次の段階で、緊急性はあるものの重症度があまり高くないものに出場し、家庭内での疾病事案は扱わず、主として様々な災害や事故に伴うもの及び公の場所でのけがや病気の傷病者を扱うとしている。このSAMUによる搬送に係る費用等は、有料のものもあるが健康保険制度や国等がその一部を負担することにより、利用者の負担が軽減されている。

　この医療システムは、緊急度の高いものとそうでないもの判定と出場させる救急関係車両等の運用や指導がマッチしている。本部コールセンターで受けた

ものに対して約20％に医師などが乗るドクターカー等を出場させて手厚い対応を取っている一方で、消防の救急車を含め、緊急の救急車を全く出場させないのは全体の約50％（数字はいずれも当時）と実に高い割合となっていた。この割合は概ね10年余で約15％から約50％に上昇していたが、一体この制度のどの要素が救急車の利用の抑制に対するフランス国民の理解を進めたのか改めて消防の立場から検証する必要がある。

［救急車の反転表示］

　余談になるが、横浜市が救急車の反転表示の貼付を始めたのは平成12年（2000年）頃で、おそらく全国初の試みであったと思うが、これも増加する救急需要の対策と関係する。救急件数が多くなって救急車の現場への到着時間が少しずつではあるが伸びていた状況で、現場の隊員から、「緊急走行中に前方の車が左側に寄ってくれない」という意見があった。

　そこで考案されたのが救急車の前面ボンネットへの反転表示の貼付である。近年、車の性能が良くなり車内の気密性が高まって外部の音に気付きにくくなっていることやワンボックスタイプの背の高い乗用車が増えていることなどから、救急車がどの方向から来ているのか、あるいは後ろから近づいていることに気付きにくいのではないかというものである。

　そこで、救急車は渋滞中の道路では中央車線よりに走ることが多いことから、車両前面の右側に反転表示を貼付し、救急車が少し右側に寄ったときにサイドミラーで見えるようにしたもので、反転表示を右側に寄せているのはこのためである。救急車をより早く到着させること、そして救急需要の増加に対応したいという必死な思いから生まれた一つのアイデアである。

　現在、救急車の運行管理面では様々なシステムの導入や赤色灯の大型化などが進められているが、年々救急車の現場到着平均時間が長くなっており、車両運行の側面からの対策も欠かすことはできない。

3　救急業務とその判断の難しさ

　救急業務において増加している軽症者の多くは、一定の緊急性があり病院等に搬送された結果軽症と診断された傷病者である。しかし、中には119番受信

時や現場における傷病者との接触時点で救急業務に該当しないのではと判断される程度の傷病者も含まれており、消防本部としてはこうした件数を少なくするために緊急度判定を導入する一つの大きな期待があることは言うまでもない。

緊急度判定の導入により、救急車をタクシー代わりに使ったり、救急車で病院に行けば並ばないで済むといったような要請はもちろんこと、特に最軽症に分類される外傷等についても通報者が自らの手段で医療機関に行ってもらうといったことを期待している。

ただ、実際の場面では消防法に基づく救急業務にあたるかどうか、すなわち緊急性があるかどうかの判断はなかなか難しいところがある。

救急救命士制度が導入されて30年余が経過し、今や救急業務は厳しく管理されている。定期的に高度な研修が行われ、業務の検証も行いながら、その技術と判断の精度は極めて高くなっている。また、緊急度判定などの運用開始にあたっては度重なる検証を行って適切な判断ができるよう繰り返しシステムや運用の見直しが行われている。そして、実際の119番受信時や現場においては、救急要請のあった傷病者はどういう状態でどのような状態になることが予想されるのかという医学的見地からの観察や考察はもちろんのこと、消防法上の不適正な救急業務にあたるかどうかといったことも含め、様々な状況を考えながらベストと思える判断と選択をしている。

こうしたことから、救急救命士などがその持ちうる標準的な知識をもって緊急性がないと判断したならば、それは消防法に基づく救急業務としての適切な判断であり、何ら意義を唱えられることはないと考えられる。

とは言え、事案は様々である。仮に病院などにおいて事後の診断からは緊急性があったと判断された事案について、119番受信時又は現場において救急業務としての搬送等をしなかった場合には、対応の状況にもよるが何らかの過失を問われるおそれが絶対ないとは言い切れず、実際に損害賠償が認められた判例がいくつか出ている。それぞれ様々な状況があっての判断ではあるが、いわゆるアンダートリアージの問題も含まれている。

このため、救急業務の執行段階で何らかの危険性がわずかでもあるとしてアンダートリアージを懸念し、救急車1台を出場させる、あるいは救急車により医療機関へ搬送することでその危険を回避し傷病者に安心を与えると判断する

ならば、傷病者の意向も踏まえながらではあるが、より安全な側で判断することは極めて自然なことである。

　ここに、救急業務に該当しないと思われる事案に対する緊急度判定の一つの悩ましい点がある。

4　救急業務に関する一つの考察

　緊急度判定は徐々に効果が出ている兆候も見られるが、軽症の搬送人員は増加しており、救急車の適正な利用を促すためには様々な角度からの対策を考え、これらを複合的に進めていくしか方法はない。

緊急度判定と救急車の不適正利用の指導の位置づけ

　SAMUでは、その任務、電話によるレギュレーション等の実施内容、レギュレーションの責任、コールセンターのチームの構成、医療搬送車の種類、教育内容、医療搬送従事者の責任や罰則、健康保険による搬送費の負担、担当医師の賠償責任保険の加入など、運営にあたっての必要な事項が法令等で定められている。消防法第35条の5には、救急業務に関する都道府県の実施基準の策定について規定され、その内容として第3号には消防本部が傷病者の状況を確認するための基準が定められ、緊急度の判断基準も含まれている。

　119番受信時や現場において行われている緊急度判定は、これまでその法的責任等につい鋭意検討され、基本的に消防本部が責任等を問われるようなことはないとされている。ただ、全国の半数以上の消防本部で緊急度判定が導入され、その精度が高くなり住民への理解も進んでいると考えられる中にあって、消防としては不適正な救急車の利用とされる最軽症のような通報であっても、救急出場や救急搬送を選択するかどうかについてはなお幅があるのではないかと推測される。

　消防が、自治体の方針により行政サービスとしての救急業務をも含めて実施していくのであればそれは一つの選択肢であるが、もし消防が救急業務に当たらない救急要請を少しでも減らすことで緊急度の高い要請に対して迅速に救命活動等を行うという目標を着実に前に進めていくとするならば、市民への確かな広報や最終判断を行う消防のリスク回避などの視点から、消防機関が行う行

為として何らかの法的位置づけが必要ではないのだろうか。

　また、前述のとおり消防では様々な救急車の適正利用の広報や指導を行っているが、その法的根拠は明確でなく基本的にお願いベースである。

　救急業務の通報に関しては、消防法では虚偽の通報について罰則が規定され、また状況によっては軽犯罪法や刑法が適用されることになっている。実際にこれらを適用された事例があるが、救急車の通報に際して明らかに虚偽と認められるものを繰り返し行ったという事案で、救急車の一般的な不適正利用とはやや趣旨が異なる。

　罰則も一定の抑制効果にはなるが、消防が救急車への不適正な利用を減らす施策を進めやすくするため、現在行っているお願いベースの広報や指導に関して、例えば予防関係規定のように救急要請の一定の不適正な事案に対して消防署長や救急隊員が何らかの行政的行為として指導や注意等を行うことができるといったような規定を設けることはできないのだろうか。

交通事故時の対応

　交通事故への出場件数は減少傾向にあるが、交通事故が占める軽症者の割合は相変わらず多い。

　交通事故の現場では、緊急性が高いと判断する傷病者は速やかな救助とともに搬送を行うが、中には、当事者の立ち会いでしばらく実況見分等を行ったのちに救急車が要請される事案がある。確かに、交通事故による外傷では、一見してたいしたことのないような当事者が高エネルギー外傷として体の内部の損傷により重大な傷病者となる事案がある。このため、外傷としても交通事故時の緊急度判定は決して容易ではないが、自動車の人体に対する衝突安全性が高まっており、交通事故の傷病者の中には緊急性が高くないと思われる事案も多くなっていると考えられる。軽症者の割合が7割から8割と高く推移している事実をどのように受け止めるかである。

　自賠責保険では、交通事故に伴う通院費用が支出されることになっており、状況によってはタクシー代も支出される例がある。そこで、可能ならば救急車以外の手段により医療機関に行ってもらうという選択肢も含めて勧めてもらうことはできないのだろうか。

もし、事故処理関係者の安全配慮義務が気にかかる、交通事故が起きたという当事者の動揺によって自ら医療機関へ行くという対応が難しい、交通手段か確保できないような場所で発生した、また不案内の地で救急車による病院選定を期待しているといったことがあれば、これはもう既に実施されているのかも分からないが、そうした案内をするとともに救急出場に要した費用を自賠責保険が負担することとし、それを自賠責保険から自治体に支出することで少しでも自治体の財政負担を軽減するという方法は考えられないだろうか。

集団救急事故時の指導権限

　消防が扱う集団救急事故には、例えば火災、鉄道やバスの交通事故に伴って多くの傷病者が発生する事例のように災害に伴う集団救急事故と、食中毒や熱中症、スズメ蜂に刺されるといったことで多くの傷病者が発生するような、災害の定義に当てはめることができるのか必ずしも明確でない集団救急事故がある。いずれも救急業務には該当し救急車を出場させて対応にあたることはもちろんであるが、これらの事案の中には事前に関係者がちょっとした対応をしておけば予防することができたのではないかというものがある。

　一つの例であるが、夏場にいくつかの大規模なイベント施設において、熱中症の集団救急事案が発生したことがある。この時には、相当数の救急車はもちろんのこと、指揮車なども含め多くの消防車両を出場させ対応にあたったが、現場に到着してみると実に杜撰な状態で、夏の暑い時期に屋根のない炎天下でイベント前に長時間立ったまま待たされていたり、並びながら飲物を買うことができない状況であったり、クーラーも効かない空間に多くの観客が入って熱狂していたりといった状態で、関係者による対策はほとんど取られていなかった。イベント参加者の中には、遠方から夜行バスで来場し、睡眠が不十分なまま会場に入ったという人もいた。

　深刻な熱中症の傷病者が出ていたことから救急の不適正利用ではないが、多くは軽症でイベント開催者が事前に対策を取っていれば救急車の出場を防ぐことができたのは明らかであった。当然のことながら、管内の救急車だけでは足りず、周辺の地域からも救急車を出場させ対応にあたったが、その結果かなり広い範囲で一時的に救急車の空白状況となってしまった。

　現場では、まだ傷病者が増えるような状況にあったにもかかわらずイベントの関係者はそのための対応をとってなかったことから、並んでいる人を日陰に移す、飲物を提供する、状況が悪い人は涼しい休憩室を移す、などとといったことを現場で指導しながら応急手当と救急搬送にあたった。

　こうした指導は、目の前の現場の状況を少しでも改善し、また周辺地域への影響を少なくするために行ったものあるが、果たしてこうしたことを関係者に指導する権限を消防は有しているのだろうか。災害に伴う人命救助であれば、消防法第29条を一つの根拠とすることも考えられそうであるが、必ずしも災害という範疇に当てはまるのか明確ではなく、また指導する内容もこの規定とは違うものである。

　警察官職務執行法第4条では、「警察官は、人の生命若しくは身体に危険を及ぼすおそれのある場合に、関係者等に必要な警告を発したり危害防止のため通常必要と認められる措置をとることを命じることができる」と規定されている。いわゆる警察官の避難等の措置である。熱中症の事故への対応がこの規定を根拠に警察官としての対応が可能かどうかは分からないが、関係者への何らかの措置要求、つまるところイベントの中止も命令できそうな規定である。

　近年は火災予防条例に基づく催し物の届出の際にもイベントに応じた予防救急の対策をお願いしているが、あくまで火災予防の趣旨に基づいて届出をしてくるイベントに対して、その機会を捉えてお願いしているものであり、人が集まるイベントの一部でしかないとともに、催物の届出者にその遵守を強く指導できるものではない。

　全国の消防本部でも、熱中症の予防などを広報している例は多い。筆者の不勉強と認識不足によるものか、救急車の利用に関して何か消防が組織としてできる行政行為的なものがないのか考えてしまう。

まとめ

　高齢化や核家族化が進み、そして安全性に対するハード的なシステムの進歩とともに安全性に対する意識が高まっている今日の社会において、消防が実施する救急業務はけがをしたり病気になった場合の拠り所として大きな信頼を得ている。

消防は、様々な救急の要請事案に対してできるだけその期待に応えながら救急対応に努めている。消防法に基づく救急業務とは判断されにくい事案に対して、これを一般行政サービスとして捉え自治体独自の施策として実施するという考え方で進めていくならばある程度の幅をもって対応することが可能と考えられるが、時として救急需要がその供給能力の限界に近づきながら運用されていることは否定できない。

　このため、より緊急度の高い人への供給を適切に行うことができるものとして緊急度判定には大きな期待を寄せており、こうした施策を含め消防が必要な権限を確実に発揮できるようにするために救急業務の制度を今後どのような方向に進めるのか検討の時期に来ている。

第4 安全管理は基本的行動の徹底とチームワーク

　時代の移り変わりとともに、消防業務とりわけ災害活動を取り巻く社会環境にもいろいろと変化が見られる。

　かつてはたき火をする、あるいは風呂釜やこんろ等を使うといった場面では人的に制御が必要な火があり、その経験をとおして火の制御方法を学んできた。しかしながら、現代では身の回りの多くの火がハードによって制御されるようになり、日常的にソフト面から火を制御する必要性は少なくなっている。例えば、ガスコンロは、かつて天ぷら油の過熱発火が増加し、「その場を離れないで！」などソフト面に働きかけて予防を行っていたが、現在では調理油過熱防止装置が全バーナーに規制されるなどハード面からの予防が強力な要素として加わっている。ハードによってすべての予防が完遂するものではないが、全体として大きな成果を上げていることは間違いない。火気使用設備等に限らず、技術の進歩によって様々な装置にフェイルセーフ機能が装備され、ソフト面で危険を回避する必要性が軽減されている。

　一方、改めて周辺環境をみてみると、消費者ニーズの多様化により多品種の製品が短期間で生産・更改されるため工場生産の仕組みが変化したり、物流が変わり大規模な物流拠点が作られるなど、月並みな表現であるが多様化と複雑化が進み、その急速な進展に災害危険性の実態把握が追いつかなくなっていないか危惧される。

　各種法令では仕様規定とともに性能規定が追加されている。例えば工場やプラントの製造プロセスおいて、一般には知られていない化学物質が増え、製造過程が特殊になるなどして、それがすぐに発生頻度の高い災害につながるというものではないとは思うが、特殊な災害の発生危険性が確実に高まり、発生したときには消防にとって経験したことのない困難な災害事案となるおそれは否定できない。

　新たに危険性が認識された災害に対しては、対処技術が研究され安全管理も含めた活動のマニュアルが整備されており、その内容は専門性が高く緻密なもの

になっている。中には発生頻度がさほど高くなく経験の少ない災害もあり、常にすべての内容を頭に入れておくには相当な労力が必要である。対処する災害が増えていくことはやむを得ないことであるが、こうした変化が消防活動における安全管理に影響を及ぼすことのないような新たな仕組みを考えないといけない。

　もともと災害というものは特異な物理的・化学的・自然的現象であって、すべてを事前に想定しておくことは困難な性格のものである。このため災害対応は、その認識に立って基本的な災害防御や安全管理の技術を堅持しつつ、いかに応用の技術を適用していくかという視点が重要になってくる。

1 公務災害の発生状況

　図4−1は、消防職員及び消防団員の殉職者数について10年ごとの平均を示している。団員は減少傾向にあるが、職員は、昭和40年代から昭和50年代には減少傾向にあったものの、その後はほぼ横ばい状態であり、ここ10年間は職員が団員を上回っている。平成29年（2017年）及び平成30年（2018年）には防災ヘリの事故で多くの職員が殉職しているが、この数を除いても団員よりは多い。

　消防職員数又は消防団員数に対する発生率という点で比較すると、職員数と団員数は概ね5倍の開きがあることから当然のことながら職員の発生率は高くな

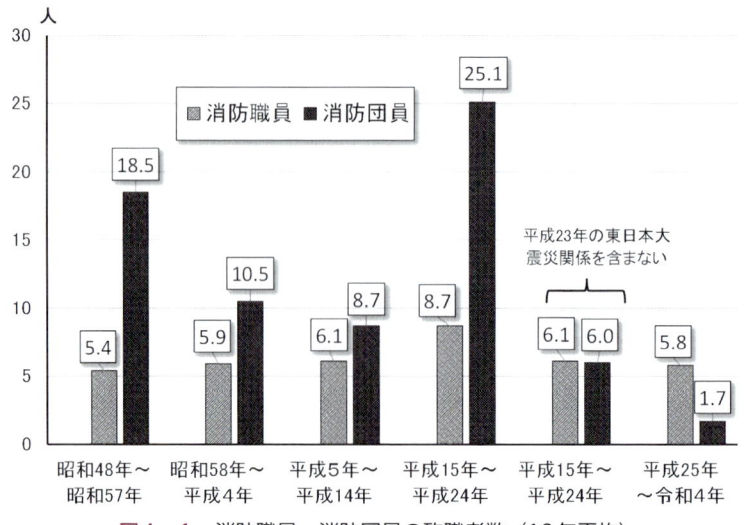

図4−1　消防職員・消防団員の殉職者数（10年平均）

るが、職員数は年々増加していることから、経年でみれば職員も減少傾向にある。

　殉職者が減少傾向にあるのは、安全管理に関する知識や技術、装備の充実、そして意識の高揚などソフト・ハードの両面から消防が長年積み上げてきた対策によるもので、安全管理は着実に成果を上げていると考えられる。

　とは言え、殉職事故は決して確率論で語って良いものではなく、基本的に100％の対策が要求されるものである。殉職事故は事例が多くなく都市間で情報共有がされにくいが、殉職者ゼロとするためには、情報共有を進めるほか、意識のさらなる高揚、確実な教育と訓練による習熟、現場からの視点による装備の開発などあらゆる努力を継続して行かなければならなない。

殉職者等の発生業務

　殉職者の発生業務を過去30年間の累計で見てみると、消防職員は火災、風水害等、演習・訓練の順に多く、消防団員では風水害によるものが圧倒的に多い。これは、東日本大震災関係を含んでいるデータであるが、東日本大震災関係を除くと、職員では火災、演習・訓練、団員は演習・訓練、火災、風水害の順となる。また、公務による負傷では、職員は演習・訓練、火災、救急の順に多く、団員は演習・訓練、火災の順となっている（**図4－2**、**図4－3**）。

　そのほかの割合も多いが、これは公務災害と認められた出退勤途上の交通事故や疾病などによるものである。

　ハインリッヒの法則では

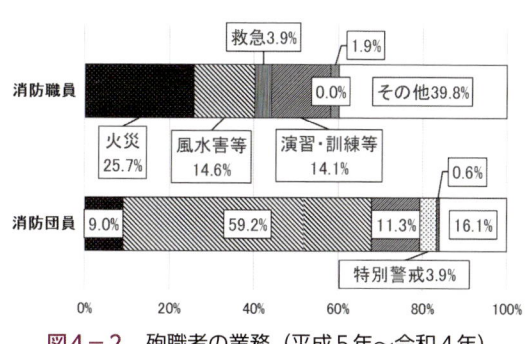

図4－2　殉職者の業務（平成5年～令和4年）

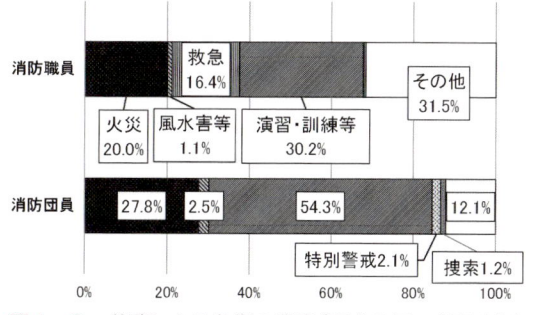

図4－3　公務による負傷の業務（平成5年～令和4年）

41

ないが、殉職者を重大な事故として負傷者に対する比率を計算してみると、職員も団員も風水害等が1対29を上回る。2番目に多いのは火災であるが、これは1対29よりも低い。なお、東日本大震災関係を除くと団員の風水害のみその比率を上回るが、職員と団員とも火災と風水害で高い比率になっていることに変わりはない。このことは、風水害等では実災害での重大事故が高い確率で発生しており、また火災では重大事故の比率が高いとはいえないものの一定数発生していることを示しているもので、火災と風水害等といった基本的な消防活動の公務災害防止について継続的に取り組む必要性が浮かび上がってくる。

　また、発生業務の経年変化では、殉職者は年によってばらつきがあり傾向は明確に表れていないが、負傷者については、職員は火災による割合が減少傾向にある一方で、演習・訓練や救急が増加傾向にある（図4－4）。

　このうち、救急関係のものは、出場件数や救急隊員数の増加に関係していると推測される。また、演習・訓練によるものに関して、平成23年度に消防庁で実施した安全管理に係る検討会の資料では、負傷事故を含むヒヤリハットの件数は20歳から35歳までが多く、職員の人数を踏まえた発生率では10歳代か

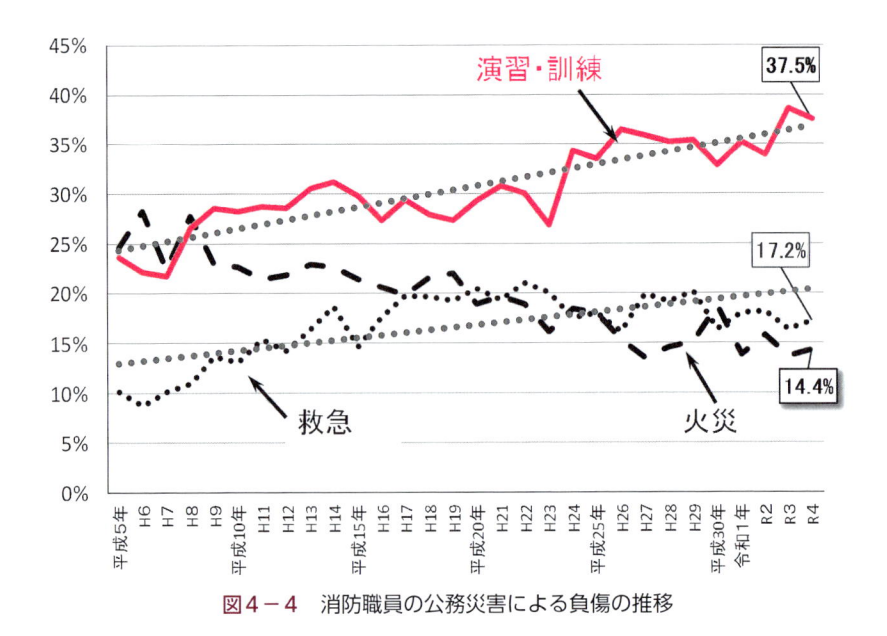

図4－4　消防職員の公務災害による負傷の推移

ら30歳までが高くなっている。訓練の種別では、救助訓練、火災訓練の順に多くなっており、さらに消防本部へのアンケートによると、消火訓練等では、火災防御訓練のほか体力錬成・準備運動等の数字が高くなっている。現在も同様の傾向か分からないが、多様な災害に対する訓練等の重要性が高まっている中で、その対策を意識して行かなければならない点である。

2 火災活動の殉職事案と安全管理

火災に関しては、消防力の整備が進む一方で、建物火災1,000件あたりの全焼棟数はここ30年間であまり変化が見られないが、その理由として考えられるのは、①火災が発生してからの通報までの時間が遅れているか、②通報から消防隊の放水開始までの時間が長くなっているか、③建物の燃焼特性が変わり燃焼速度が早くなってきているか、などである。このうち、①は第1章で触れたように、住宅に関しては通報までかなりの時間を要している。

③の建物の燃焼速度に関しては様々な研究がされている。とりわけ住宅では発熱量の多い石油系の内容物が多く使用されるようになっているとともに、環境問題や地震対策から開口部の形やその構造材の変化、断熱性能の向上などで火災時の外部への熱の発散が少なくなり、出火から火災の最盛期までの時間が短くなり避難できる時間が短くなっているのではとも言われている。

最近の建物火災での殉職事例について、主として火災の状況や装備等の面から整理してみると、気になる共通点が浮かび上がってくる。

まず多くが屋内進入時には見通しが効くような比較的煙が薄い状態であったことがあげられる。一般的に炎が外部に吹き出し黒煙が噴出している状況では屋内進入することはほとんどなく、やむを得ず進入するとすれば人的救助の必要性と救助できる可能性が高く進入する隊員の安全が確保できるという場合に限られる。このため、煙が薄い状態で進入していることは取り立てて気になる点ではないが、近年の殉職事例で煙の量が少なかったことから危険性を感じなかったとする問題点が指摘されているものがある。

次に屋内進入から危険な状況に至るまでの時間であるが、数分以内に急激に変化をしたとされている事案が多い。煙が少なく炎が見えないような状態であっても、身に危険の迫るまでさほど時間がかからなかったということである。

もちろん、出火から通報まで、通報から消防隊が到着するまでの時間は事案によって異なっており、進入からの時間だけで整理することはできないが、消防隊員が屋内進入できると判断した状況であっても身に危険が及ぶまでの時間が短いことを確認しておく必要はありそうだ。前述した建物火災や内容物の燃焼特性の変化がここにも現れてきているではないかと懸念する。

そして個人装備である。通常の火災活動で要求される個人装備ではなかったのではと見受けられる事案がある。その中でも特に空気呼吸器を着装していないか、あるいは着装していたとしても面体を着装していなかったのではと見受けられる事案が複数ある。

建物火災による死者の死因では、長い間、火傷よりも一酸化炭素中毒・窒息が多くなっており、令和3年（2021年）12月の大阪市のクリニックの火災でも死亡した全員が一酸化炭素中毒とされた。消防活動においてもこの危険性は基本的に同様であり、例えばフラッシュオーバーでは炎が最盛期になる直前には一酸化炭素や二酸化炭素の濃度は体を動かすことができない状態になっている。

空気呼吸器は、救助活動のための機材として全国の消防本部が最も多く保有している機材である。建物への進入の際にはたとえ煙が薄く炎が見えない状況であっても、油断をせずに防火衣・防火帽・防火手袋等の個人装備を完全かつ的確に着装することはもちろん、短時間での危険な状況への進展に備え、空気呼吸器と面体の着装は安全管理上必須であること改めて認識する必要がある。

なお、火災における屋内進入の活動時間は空気呼吸器のボンベ内の空気量だけで決めるのではない。出火からの時間を考慮した火災の推移、建物の規模による退出時間等を踏まえて決めるものであり、当然に活動時間は空気量で想定される時間よりも短くなる。

屋内進入による殉職事故では出火から1時間前後で事故が発生しているものが複数あるが、耐火建物等では、この時間帯に燃焼温度が最も高くなるというデータもあり、この時間帯の長時間の進入は危険性が高い。

殉職に至らないまでも空気呼吸器に関係する災害活動中の事故は多い。活動の途中で空気圧がなくなったもののほか、空気呼吸器を着装しないで進入し酸欠や喉の炎症になったもの、退出途中に面体を外し有毒なガスを吸い込んでしまったもの、活動中に面体を外し火傷したものなど、様々である。

　消防研究センターの調査では、面体着装がなかった場合の受傷率が高く（**図4−5**）なっており、こうしたデータを安全管理教育に生かす必要がある。

　空気呼吸器の災害現場での使用時間は、隊員の吸気量や活動内容などから当然に異なってくるが、災害対応に際しては、すべての空気呼吸器が常に満充填に近い状態になるようにしておき、進入段階では隊員間の空気圧が均一になるよう日頃から管理することが原則である。消防本部の中には、充填量を常時一定以上に保持するよう安全基準を定めているところもあり、充填量についてはすべての消防本部で徹底していると考えられる。ただ、空気呼吸器はボンベの充填という管理作業が伴うために、充填施設の場所や充填に要する作業などと一体的に運用管理しなければならないところに抜けが生まれる可能性がある。

　そのほか複数認められたこととして、それが直接的な原因ではないにしても、援護注水体制が十分でなかったもの、火災荷重が高かったと思われるものなどがあり、最悪の事態に至った背景には複数の要因が重なっていることをうかがうことができる。中にはフラッシュオーバーの兆候と思われる現象を視認したとされる事案もあり、緊急脱出の情報共有の重要性を考えさせられる。

　重大な公務災害は、基本論や原則論の隙間で発生する。多くの火災事案を経

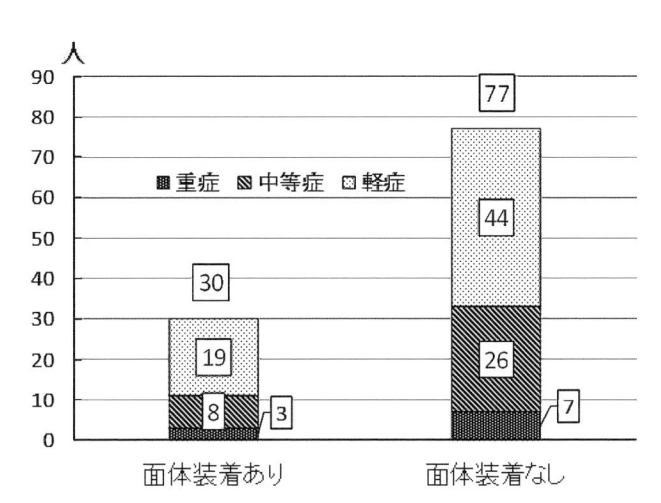

図4−5　面体装着の有無と受傷状況
（47県庁所在地消防本部の調査、1990〜2019の30年間）
「火災出動における消防隊員の受傷事故の発生傾向」（2022、日本火災学会　Vol.72）から作成

験してきた消防にとって、火災の性状を熟知し活動要領を定めて徹底されていることは間違いない。しかし、守っているはずのものが守られていなかった、知っているはずのことを知らなかった、といったような対応の隙間で事故は起きている。人命を救うという任務を有する消防にとって重大な事故は決してあってはならない。危険な環境で仕事をする消防にとって安全管理対策を実施しないで活動することが決して勇気ある活動ではない。言いたくないことも繰り返し伝えながら、安全管理に関する知識や技術を徹底して意識を高めるとともに、装備などの管理を確実にルーティン化することが欠かせない。

3 公務中の負傷事案

　生死にかかわるまでは至らなかったものの、職員が公務中に負傷した事案を整理してみると、ここでもいくつかの共通点が見えてくる。それは、

- ①　個人装備にかかるもの
- ②　資機材の点検にかかるもの
- ③　資機材の操作知識にかかるもの
- ④　現場での行動要領にかかるもの
- ⑤　火災現象の知識や対応技術にかかるもの
- ⑥　建物構造や危険物等の情報にかかるもの
- ⑦　自分の活動空間への注意にかかるもの
- ⑧　隊員や部隊間の連携やコミュニケーションにかかるもの

などで、基本的と思われる事項の不徹底、不備、欠如などによって発生しているものが多くある。こうした事故は、ひいては重大な事故につながる可能性を内在しているものであり、中には重大事故と紙一重といった事案もある。

　災害現場で起こる公務災害の中には発生を予測することが難しく、やむを得ない状況の中で発生したと思われる事故もあるが、防ぐことができる可能性があったと考えられるものも少なくない。このため、基本的な活動要領等を常に確認し、繰り返し徹底することが公務災害防止・安全管理の要諦であることを忘れてはならない。そして、災害が多様化していく中では、これに加えて、危険を察知する能力と臨機応変に活動する応用力を育む意識と行動が重要になってくる。

　緊急を要する災害現場が重要な仕事の場である消防にとって、短時間に指示できる項目は限られている。このため、基本的な活動要領を整理し、これを確実に習熟しながら如何に応用に繋げていくか工夫が求められる。

4　重大事故に至る火災現象等の教育と緊急脱出要件の徹底

　消防職員は消防学校の初任教育において、建物火災における危険な現象としてフラッシュオーバーやバックドラフトを学ぶが、諸外国ではこれらの兆候や兆候が発生した場合の対処方法をたたき込まれるという。筆者は消防学校における教育の経験があるが、初任教育では昨今の社会情勢を受けて教授する項目が多岐にわたり、そのすべてに重要な項目が含まれていることから、何かを重点的にということは難しい状況にある。たとえ災害現場で生死につながるような内容であっても必ずしも十分に時間を割くことはできず、その後の本人の自己学習や配属された所属でのOJTに委ねているところは大きい。

　もともと災害活動に関するOJTは、災害を経験しながら行うことが多く、経験の蓄積が技術等を向上させていくという考え方が根強くある。前述した検討会の資料では、経験年数15年未満の職員の事故は全体の60%を超えているが、火災件数が全国的に減少傾向にある中で現場活動の経験がさらに少なくなり、この幅が拡大しないか懸念される。現場を経験しながらの教育は今後一層難しくなり、生死にかかわるようなヒヤリハット事案を経験することも少なくなり、発生時に厳しい結果を生むということにもなりかねない。

　このため、フラッシュオーバーやバックドラフトなど重大な危険を及ぼす特殊な現象などの習熟は、現場経験の積み重ねに委ねるのではなく、例えば日頃からの机上の教育あるいは訓練として、映像媒体や模擬装置を用いるなどして強化し継続的に実施していかなければならない時代に入っている。特に実践訓練施設の有効活用は不可欠である。

緊急脱出の要件の徹底と訓練

　災害現場では、予期しない事態が発生し消防職員が生死の危険にさらされることがある。こうした予兆を察知するのは決して容易なことではなく、場面場面で活動している隊員から見えないこともあり、またごく間近になるまで分か

らないことが多い。場合によっては、それは現象発生の数秒前であることもある。

　このため、現場においては、指揮者や安全管理を担当する部隊は、危険な現象を察知できるよう集中して観察を継続することが重要な任務になるが、こうした兆候が現れたときの緊急脱出の情報伝達・指示を速やかに行う方法と体制を確立しておかなければならない。殉職事例の中には重要な情報が伝わっていなかったとされる事案が多い。情報伝達を確実に行うためには、平素において緊急脱出の要件を整理して徹底するとともに、確実な情報伝達の方法を検討し、検証と訓練をしておくことが重要である。

　緊急脱出の要件としては、特異な火災現象や建物の崩落危険の発生兆候のほか、人体に影響の大きい放射線や毒性ガスの噴出、爆発発生危険の情報入手、落下物などによる隊員の負傷、放水の停止など様々考えられるが、隊員の経験不足を補い、危険性の高い状況が差し迫っているときに部隊全体の安全を確保するものであり、管内の実情を踏まえて発生しそうな災害を想定しながら整理することになる。

　なお、空気呼吸器の空気圧残が退出に必要な容量を下回ったときに、緊急脱出の要件になるのかどうかについては消防本部によって見解が様々であり退出要領も異なっているが、筆者は火災時においては常に部隊としての緊急脱出要件であるとの認識を持つべきで指揮隊が明確に指示する事項と考えている。

まとめ

　しばしば、「同じ災害は二つとない」などと言われるが、全国レベルで見れば同じような公務中の事故が起きている。しかもその中には基本的な活動要領や機材の管理等が十分でないのではと見受けられるものが少なくない。しかし、公務中の事故は本部ごとに見れば決して多くはなく、これを少なくするため高い意識で安全管理対策を継続的に行うことは決して容易なことではない。

　消防の目標とするところは、災害からの人的・物的被害の軽減である。このために、消防が培ってきた災害防御や救助等のための戦術や装備等はこれからも進化をしていかなければならないが、災害の戦術はハード・ソフト両面からの安全管理の技術等と一体となって初めて高度に目標を達成することができる。進化する戦術に安全管理の技術等が追い付いていなければ、災害現場にお

いてそのレベルに応じた戦術を運用せざるを得なくなる。

　消防の目標と重大事故の100％防止という両方を目指していく消防にとって、災害という想定外の活動とそのための訓練という活動において、安全管理に油断と隙間がないようにするには、経験不足を補うためのOJTに力を注ぐとともに、とりわけ相互の技術を補い合うための部隊間と隊員間の連携やコミュニケーションが円滑に進む体制づくり、そして幹部の強い取り組み姿勢は欠かすことはできない。危険な環境で活動する消防にとって安全管理のために行う対策は、すべてがバックアップである。バックアップを怠れば、重大な事故が起きる可能性は高くなり、実際過去の事例では殉職事故が起きた時点でバックアップが外れているものが多い。安全管理について一人の隊員だけで完璧を期すことは難しく、その行動を支える周囲の部隊や隊員がいて、100％の安全管理が達成できる。ここに消防が部隊行動をしチームワークが必要な一つの大きな意義がある。

第5 地域防災力向上のために求められる消防署の役割

昨今、自然災害への脅威が高まっている。首都直下地震や南海トラフ地震による地震災害、大型化し上陸地点が北上している台風やいわゆるゲリラ豪雨といわれる激甚化する風水害である。これらはいずれも広域的に発生するもので、国内のどの地域においても起こりうる可能性がある。災害となれば消防機関等の公的機関の活動だけで地域に発生するすべての災害事案に対応することは困難で、事業所や地域としての自主防災組織等、そして住民一人ひとりの活動が不可欠になってくる。

平成30年（2018年）12月に、中央防災会議の「平成30年7月豪雨による水害・土砂災害からの避難に関するワーキンググループ」によりまとめられた報告書に、「『自らの命は自らが守る』意識の徹底や災害リスクと住民のとるべき避難行動の理解促進について」の項目がある。この中で、「平時において、『災害リスクを正しく知ること』と『リスクに応じた避難行動を考えておくこと』を促進する取組を講じるべきである」と記されている。その推進役を担うことになるのは市町村となるが、激甚化する自然災害の脅威から住民の命を守るために市町村の消防機関の果たすべき役割には一体何があるのだろうか。

1 地域の自主防災組織の活動と防災意識

消防白書によれば、自主防災組織の世帯に対するカバー率は、ここ30年間で倍増し、令和5年（2023年）4月1日現在で約85％となっている（図5-1）。また、内閣府の世論調査によれば、例えば、家具の転倒防止措置状況の割合が調査ごとに増加するなど、地震や風水害に対する意識は着実に向上していることがうかがえる。

昨今は災害情報が報道機関や市町村等から優先度が高い情報として迅速に提供されるようになっており災害情報に接する機会が多くなっていることも意識の向上につながっていると考えられる。

反面少し気になるデータもある。同じく世論調査によるものであるが、「地

域の防災訓練に参加をしたことがある」と答えた人の割合は、最近の約40年で概ね30%から40%程度で推移し、あまり大きな変化が見られない **(図5-2)**。

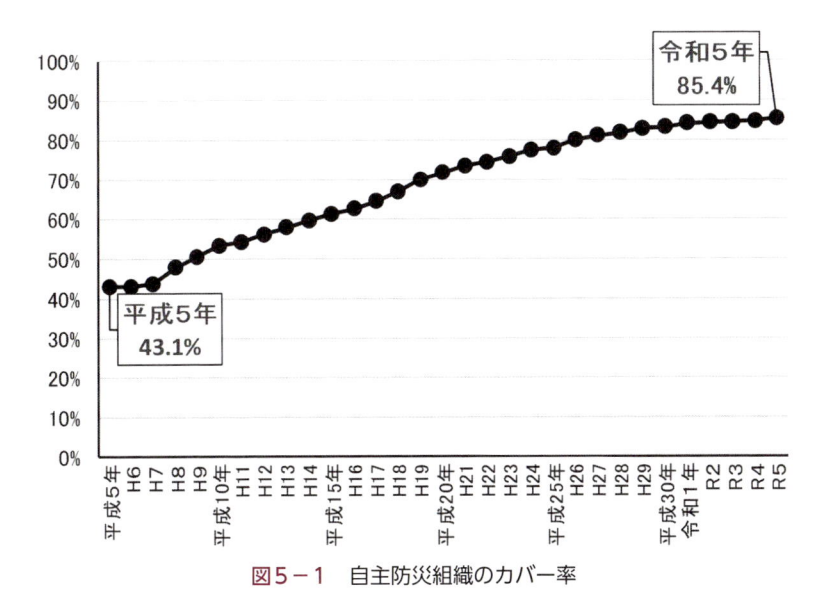

図5-1　自主防災組織のカバー率

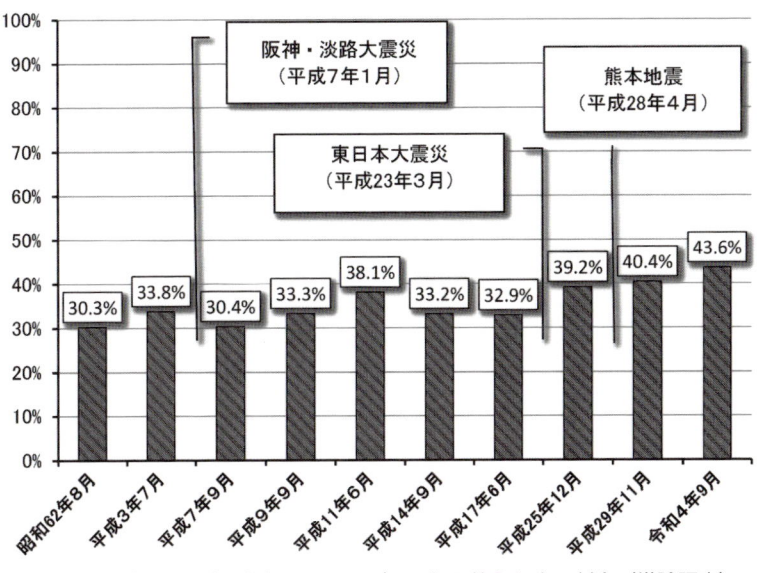

図5-2　「防災訓練に参加したことがある」と答えた人の割合（世論調査）

日頃から訓練をやっていたところでは、いざ大規模災害の際に確実に成果が出たという報告があり訓練の重要性は高い。大規模災害を経験した地域では防災訓練の参加率が高くなっていると推測されることから、大規模災害を経験していない地域では参加率があまり高くなく変化が見られないということになっているのだろうか。

　平成28年度に消防庁で開催された「自主防災組織等の充実強化方策に関する検討会」での自主防災組織等に対するアンケート結果の中で、「防災訓練を実施している」と答えた団体の割合は90.8％となっており、高い割合で防災訓練を実施していることが分かる。しかし、課題となっていることとして「防災活動（防災訓練を含む）への参加者が少ない」という割合も少なからずあり、その原因としては「防災意識が低い」、「若手の参加者が少ない」、「高齢化」などがあげられている。実際のところ複数の防災訓練に参加してみると、全世帯に対する参加率はあまり高くなく、参加をしている人は比較的年齢の高い人が多く毎年同じような顔ぶれという状況がみられ、アンケートで浮き出ている課題は全国的な傾向なのかと感じる。

快適な生活環境と防災意識の変化

　防災訓練の参加率が上がっていない要因として考えられることは、激甚な自然災害が多く発生しているとはいえ地域別に見ればその頻度は必ずしも高くはなく、災害への対応が生活の中での重要なテーマとして捉えられていない人がまだ多いのではないかということである。

　そしてその意識の根底にあるものの一つとして、安全性や快適性に関する科学技術が発達して居住環境が良くなり日常生活において小さな災害の兆候に接する機会がどんどん少なくなって、災害に対する危機感が薄れてきているということはないだろうか。

　かつては台風が襲来すれば窓から雨風が家の中に入り込むことはしばしばで、窓が風で飛ばされないよう事前に雨戸を釘で打ち付ける様子が報道されていたが、今では、ガラスはしっかりと固定されているアルミサッシとなり、窓から雨が降り込むことや窓が風でがたがたと揺れることはほとんどなくなった。その上、二重ガラスや気密性・断熱性の高い壁や窓工法の採用により、外

部の雨や風の音に気付きにくくなっている。また、地震に対しては、耐震補強や免震装置等の普及が進み、小さな地震では建具がきしむ音が少なく、恐怖感を感じにくくなっている。

　火災に関しては、日常の生活の中で制御されない小さな火や煙を体感することがほとんどなくなり、火が時間とともに急速に拡大することや煙が高温で有毒ガスの危険があるといったことは、感覚的に習得しにくくなっているのかもしれない。

　安全へのハード的な進歩はすばらしいことで、科学技術の進歩等が生活を変え意識を変えていくことはごく普通のことである。三重県が毎年行っている防災意識に関する調査では、地震や台風の際に「避難をしない」とした人の中で、その理由として「自分の家は安全だから」と答えている人は毎年5割程度いるが、生活空間が災害からハード的に確実に守られている状況にあれば、防災への意識が変わっていくこともやむを得ない。

　ただ、日頃の小さい災害の経験が少なくなることで大規模災害へのイメージが湧きにくくなり、大規模災害が目の前に迫っているときに危機を回避するための判断と行動が遅れるような意識につながっていく可能性があるとすれば、地域によってはその変化に応じた対策が必要になってくる。

2　消防署と自主防災組織の関わり

　消防は、火災に関しては火災予防や警戒とともに火災が発生した場合の防御活動を行い、地震災害については、災害発生時に火災防御や救助活動を行うほか、地震火災を少なくするための消火機材の配置や平素から住民への広報と防災指導に力を入れている。

　一方、風水害に関しては火災が付随的に発生することが少ないこともあるのか、消防活動は災害発生時における救助活動や人的二次災害のおそれのある事案への除去活動等が主となる。このため、平素からの風水害に関する住民への体系的な広報などは地震と比較するとあまり多くはない。

　風水害に関する情報は、台風や豪雨の危険が近づいている時にはテレビ等による報道、市町村からのメール、気象庁のホームページなどで比較的詳しく迅速に提供がなされているが、大規模な風水害が起きる度に、避難が間に合わな

かったとか、いざ避難をしようとしたら夜間で避難ができなかったということが繰り返され、気象情報や市町村の発する避難指示等に対する理解と行動のあり方が問題となる。このため、その都度課題が検証され、情報の名称が変更されたり提供の仕方が追加されたりしているが、めまぐるしく改善される重要な情報が果たして多くの住民にしっかりと伝わっているのだろうか。

米国におけるCERTと日本の自主防災の違い

米国には、CERT（ボランティアによる地域緊急対応チーム、Community Emergency Response Team）と呼ばれる自主防災の取り組みがある。これは、地域に影響を及ぼす可能性のある火災や地震などの様々な危険に対して、地域の人たちを教育し、いざというときに地域の被害の軽減をめざそうというもので、全米で事業が進められてから既に20年以上が経過し、日本でもいろいろと紹介がされている。

このCERTは、ロサンゼルス市消防局の職員が、地震対策計画について学ぶために日本に視察に訪れ、地域の住民組織が消火、簡易な救助活動、応急処置、避難等の訓練をしていることに感銘を受け、これを持ち帰ってアレンジしてパイロットプログラムを開発し、その後これをFEMA（連邦緊急事態管理庁、Federal Emergency Management Agency）が採用し、全米で実施するようになったものである。

この研修のカリキュラムは全米で標準化されたものが作られ、その内容はパワーポイント形式のものや資料形式のもの、指導するためのマニュアルまでもが公開されており、インターネットにより誰でも見ることができる。

このCERTは日本の自主防災活動をもとに作られたとはいえ、その内容は日本のものとはだいぶ異なっている。いくつか例をあげると、災害が発生してから72時間の間に市民が自主的に活動するための研修であることを明確に打ち出

活動の際に、CERTであることが目立つよう配付物が工夫されている

し、大規模災害において行政業務が一定の期間滞るという前提のもとに、その間の役割を担う人材を育てることを目標にしている。

　研修の内容は、住宅に被害をもたらすような通常の火災、地震及び風水害のみならず、危険物処理、噴火、放射線災害、インフルエンザ、パンデミック、テロ災害、森林火災、大規模停電といった特殊な災害にまで及び、風水害だけでも台風、冬の嵐、竜巻、洪水、土砂災害、熱波や干ばつ、雷と多岐にわたり、想定されるあらゆる災害を対象とし、これらの防御活動のほか、かなりリアルな救助・救護方法、救急トリアージの方法まで含まれている。

　国内では、自主防災組織に災害時の救急トリアージまで教えているところはあまり例がないと思うが、横浜市においては、地震時における重傷、中等傷、軽傷の場合の病院や診療所等の搬送先が指定されており、事実上地域や事業所においてけがをした場合にトリアージをしないと機能しない仕組みになっている。

　大規模災害時には、病院も被災し必要な職員の動員もままならない中で、住民が簡易なトリアージをしないで病院に殺到すれば大きな混乱を生むことになり、助かる命も救えないという事態に陥るのは、これまでの例からも明らかである。

　CERTでは、こうした研修内容のほか、火災の起こる仕組みや燃焼の経過、災害心理学や公衆衛生、建物内の人命捜索方法、建物の損壊評価といった、国内では専門的な人たちの分野とされるような内容まで教えている。

　つまり、概括的に言えば、災害時には専門的な人たちですら動けない状況になることが想定されることから、災害があったときの自主性は大きく地域に委ねつつ、事前の段階で災害の知識や活動手法などについてかなり高いレベルの内容を行政が主導して教えているということになる。

　国内でも、自主防災組織のリーダーに対する研修、救命講習、防災資機材の取扱研修

筆者が企画した町内会のトリアージ訓練では、8割を超える方々が傷病の分類をすることができた

といった個々の講習が行われているが、CERTでは、こられを一元化して体系的に教育しているという点も特徴である。こうした研修内容や手法は、実に興味深い。

3 大規模災害に対して消防署が進める防災指導と防災教育

激甚化する自然災害から人的被害を軽減するベストな方法は、何よりも災害が近づく前の段階で早期に避難してもらうことであり、この意識を高めていく施策を粘り強く実施していかないといけない。

消防は、長い歴史のなかで火災を中心として予防と防御活動を行ってきたが、これが変わることは決してない。ただ、日常的に最前線で災害対応を行い、住民に直接防災情報等を提供している最も身近な防災機関であることを生かし、地域の自主防災組織等に対して自然災害の対応をより重視して体系的なプログラムを進めていくことが必要な時代に入っている。

また、消防署は、地域の自主防災組織に対する指導のみならず、将来の社会を担う子ども達に対して学校での主に訓練指導等を行っているが、防災教育に求められる内容が高度化している中で、専門家が防災教育を行うことの必要性は大きくなっている。消防は文部科学省からの通知（「児童生徒等に対する防災教育の実施について」令和3年12月1日）も踏まえ、訓練のみならず学校における防災教育についてもより積極的に関与していくことが期待される。

学校での訓練は、年1回程度の避難訓練や消火訓練、AEDの訓練といったものが中心となっているところが多いが、自然災害を考えると、避難訓練一つをとっても災害の多様性に応じた意義と行動方法等をしっかりと伝えていく取り組みに変えていかなければならない。

消防署が学校での防災教育に、より密接に関与していくことは、小学校、中学校、高校といった学校の枠を超えてこれらを繋げる防災教育の計画づくりを担っていくことができることになる。これにより、それぞれのライフステージに応じて段階的かつシームレスに防災の知識や技術をスキルアップすることができるようになり、日本に生活する人の基本スキルとして習得できるとともに、地域全体の防災レベルの向上に大きな効果をもたらすことになる。

活動内容の実態把握と記録

　自主防災組織等の指導に何よりも必要なことは、それぞれの組織がいつどんな防災訓練や防災の取り組みをしているのか実態を把握することである。そのためには、それぞれの自主防災組織等の経年の取り組みを記録して、消防署が常にそれをチェックするという業務がベースになってくる。

　既に実施をしている消防署もあると思うが、訓練指導等に生かすためには、例えば自主防災組織の住民の概ねの世代構成や地理的特性などと合わせて、防災の取組内容、訓練の種別や回数、毎年訓練に参加している人の年齢層や全世帯に対する参加割合などを把握することが不可欠だ。

　実態を把握してみると、消防署で様々な訓練メニューを提示しているにもかかわらず、「毎年同じ訓練をやっている」とか、「基本的な防災活動が滞っている」とか、「せっかくレベルの上がってきた防災訓練が中断されている」といった現在の状況が把握できる。また、「この地域は戸建て住宅が多く高齢者が多いので、少しレベルの高い救出・救護の訓練が必要だ」とか、「あそこは崖地が近くにあり、豪雨時の広報伝達と避難訓練を繰り返して実施することが必要だ」といったような取り組むべき課題と訓練内容も見えてくる。

　自主防災組織の中には、立ち上がって間もない組織や、組織化して長い期間が経過し様々な取り組みをやってきている組織などそのレベルは様々であり、その活動実態を把握しないまま申し出に応じてその通りに防災指導をしていくことは必ずしもレベルの向上につながらない。

　自主防災組織では長が交代したり、消防署でも担当者の交代があり、交代によってそれまで進めてきた取り組みが途中で中断されたり、後戻りしてしまうことがしばしばある。地域においては、過去の取り組みを記録することはなかなか難しいが、消防署において自主防災組織の訓練等の経年の取組状況をデータベース化あるいはカルテ化しておけば、全体像とともに過去の経過を把握しながら業務を進めることができ、地域の防災活動への有効性は高まる。

地域への能動的な働きかけ

　実態把握に基づき次に消防署がやるべきことは、自主防災組織等に応じて、訓練指導や研修会の形式による様々な内容の防災のプログラムを、申請を待た

ずに消防署から能動的に働きかけすることである。平たく言えば、営業活動を行うということになる。実態把握によっておそらく防災訓練等をあまり実施していないところが浮き上がってくるので、こうしたところには積極的なアプローチが必要だ。

消防署における訓練指導等は、地域の自主性を尊重するという趣旨のもと、どちらかというと地域からの申請を受けて指導するということが多い。自主防災組織の長などの人たちは、防災のリーダー研修を受けたりして防災に関する知識や技術が向上しているものの、新しい防災に関する情報を常に入手しているとは限らず、何年か取り組んでいくとややマンネリ化したりして、なかなか新しい取り組みを見いだせないと感じている組織も多い。

消防署からの能動的な働きかけにより、特に自然災害に対して危険性が高いと考えられる地域に対してはその状況に応じた防災活動メニューの提示や防災情報の提供等を確実に実施できるようになり、防災活動のステップアップも図ることで地域防災力の向上が期待できる。

年間を通じた広報材料の提供

消防署において通常行われている住民への広報や情報提供は、「たばこによる火災が増えている」とか、「住宅火災による死者が多くなっている」とか、夏になれば「熱中症に注意してください」といったその時期に応じた災害情報のほか、イベントや新たな事業の紹介といった内容が多い。

このため、いつ起こるか分からない地震や風水害の対処に関する基本的な情報や、防災に関する市町村以外の機関の制度改正で住民に関係があるものなどの広報や情報提供は、ホームページで広報するほか、どちらかというと自主防災組織等から依頼に基づく研修会や防災指導等の機会を通じて行うことが多く、自主防災組織等の自主性に委ねているところがある。

防災訓練等の目標とするところは、災害発生時に自らの意思で行動を起こしてもらうことであり、そのために必要な情報が記憶に残り意識が喚起されるよう繰り返し伝えることが重要である。

消防防災に関する情報材料は、ICTを活用しインターネットで調べれば様々な公的機関等の情報をすぐに入手することができる。ただこれらの情報は関心

をもって積極的に取りに行かないと入手できないもので、しかも、防災に関する情報は、日常的に必要な情報ではないものなので、一般的には日頃から関心をもって情報を取りにいく行動を起こすことは多くはないのではないか。特に火災や自然災害で高齢者の被災割合が高くなっている中で、高齢者がICTを活用して情報を入手している割合は必ずしも高くないことは、内閣府の防災に関する意識調査からも明らかである。

　そこで、例えばそれぞれの地域に特化した広報計画を作成し、自主防災組織や学校において毎月資料配付をしてもらう材料を1年分一括して渡して、住民や子ども達に周知をしてもらうというのは如何だろうか。これは、防災の取組みの日常化でもある。もちろん、災害の情報や制度改正などの臨時の重要な情報が入れば、それは追加依頼をすれば良い。一つひとつの広報材料は、あまり分量を多くしないで確実に覚えて実行してもらいたいことだけを記載する。そうすれば、基本的な情報をより多くの住民等に年間を通して伝えることができる。

　このために少し検討が必要なのは、消防署が本来業務としている以外の自然災害等の防災に関係する情報をどのように整理するかである。例えば、中央防災会議や気象庁で提供される情報について消防署で独自に資料を作るのはちょっと工夫が必要であり、できれば地元の気象台等と連携を図り、住民等に周知する内容を分かりやすく簡潔にまとめた資料を提供してもらえば、消防署としても動きやすくなるのではないかと考えるが、今後の課題である。

まとめ

　消防は、土砂災害や土石流等が発生した現場で逃げ遅れた人の救助活動を行うが、人命を救うことができる確率は低く、どうしてもっと早く避難情報が伝えられなかったのか、なぜ早く避難ができなかったのか、と無念さが残る。

　消防は、業務の性格から風水害が迫った状況の中で住民の避難等を支援することは難しいが、住民が避難を決断するための情報を平素から提供し行動を促すことはできる。

　2020年に公表された「気候変動の将来予測」では、今後も風水害の激甚化が進むとされており、また首都直下地震や南海トラフ地震の発生が切迫しているいま、消防が果たす地域や学校における防災教育等への期待と役割は大きい。これ

らの業務を充実していくことは、風水害が迫っているときや大規模な地震が発生したときの消防の活動や消防団の活動をより効率的に行い、人的・物的被害の軽減にもつながることになる。

　様々な業務が増えている消防であるが、多くの災害に対応しているノウハウはほかの機関にない貴重なものである。地域指導の結果はすぐに見える形で表れてくるものではないが、社会環境の変化を受け地域に対して消防が行う業務をさらに一歩に進める時に来ていないだろうか。

大規模地震等の対策を支える消防計画の重要性

　大規模地震の逼迫性が叫ばれ、その発生確率は年を追うごとに上がってきている（**表6-1**）。首都直下地震、南海トラフ地震、日本海溝・千島海溝周辺海溝型地震（以下「日本海溝等地震」という。）のほか、国内に2,000以上あるとされている活断層による地震も予断を許さない。

表6-1　大規模地震の今後30年以内の発生確率の推移

領域・地震名	項目	H14年	H17年	H20年	H21年	H22年	H23年	H24年	H25年	H26年	H29年	H30年	R7年	現在
北海道沖の千島海溝沿いの地震 根室沖	地震規模		7.9程度									7.8〜8.5程度		M7.8〜8.5程度
	発生確率		30%〜40%	40%程度			40%〜50%	50%程度			60%程度	80%程度		80%程度
相模トラフ沿いの地震（首都直下地震）	地震規模		6.7〜7.2程度						7程度（6.7〜7.3）					M7程度（6.7〜7.3）
	発生確率		70%程度											70%程度
南海トラフ地震	地震規模	8.4前後	8.4前後						8〜9クラス					M8〜M9クラス
	発生確率	40%程度	50%程度		50%〜60%	60%程度			60%〜70%	70%程度		70%〜80%	80%程度	80%程度

　大規模地震による被害を軽減するためには、何よりも事前の対策の検討とその対策を進めるための計画の作成が不可欠である。特に防火管理者や防災管理者の選任を要する防火対象物では、地震及び津波が発生した際に事業所の勤務者や利用者の命を守るため、それぞれの防火対象物の状況や危険性を把握したうえで、政府が公表している被害想定を踏まえながら、より確実な行動を取るための消防計画への反映が欠かせない。

　大規模地震が逼迫していることを受けて、平成19年（2007年）6月には消防法が改正され、事業所における消防防災体制を強化し、自衛消防力を確保するため、自衛消防組織の設置、防災管理者の選任と消防計画の作成、防災管理

業務の実施など地震災害等の対策への整備が義務付けられた。その後平成23年（2011年）には東日本大震災が発生し、この改正が大きな役割を果たすことになった。

　ただ、東日本大震災では、実際の被害規模と発災以前に行っていた被害想定が大きくかけ離れていたことが指摘された **（表6−2）**。

　このため、東日本大震災を受けた内閣府の専門調査会では、災害や被害想定にあたっては最大クラスの地震や津波を想定して行う必要があることが提起され、東日本大震災を契機に地震及び津波災害とその被害想定の考え方が大きく変わることになった。その後に公表された首都直下地震や南海トラフ地震等の大規模地震の被害想定は、従前とは大幅に異なるものとなっている**（図6−1、表6−3）**。

　このため、消防計画についてもこれらの被害想定との見合いでどのように変更をするか、一つの課題が浮かび上がる形になった。

　令和4年（2022年）には、岩手、宮城、福島の各県で津波による浸水想定の最新版を公表しているが、東日本大震災を上回る最大津波を想定したものとなっており、市町村の地域防災計画もこれに沿った形で見直しが進められている。

表6−2　東日本大震災の被害とそれ以前の想定の比較（平成23年8月時点）

項　目		想定 宮城県沖地震	東北地方 太平洋沖地震	差
震度5強以上の分布面積		3,540km²	34,843km²	約9.8倍
建物全壊棟数		約21,000棟 （明治三陸 約9,400）	約113,000棟	約5.4倍 （約12倍）
死者数		約290人 （明治三陸 約2,700人）	約20,000人	約68.9倍 （約7.4倍）
ライフライン 被害	上下水道（断水軒数）	約250,000軒	約2,290,000軒	約9.2倍
	電力（停電軒数）	約520,000軒	8,500,000軒	約16.3倍
	ガス（供給停止軒数）	約170,000軒	約2,080,000軒	約12.2倍
経済被害	直接被害	約1兆円	約16.9兆円	約16.9倍

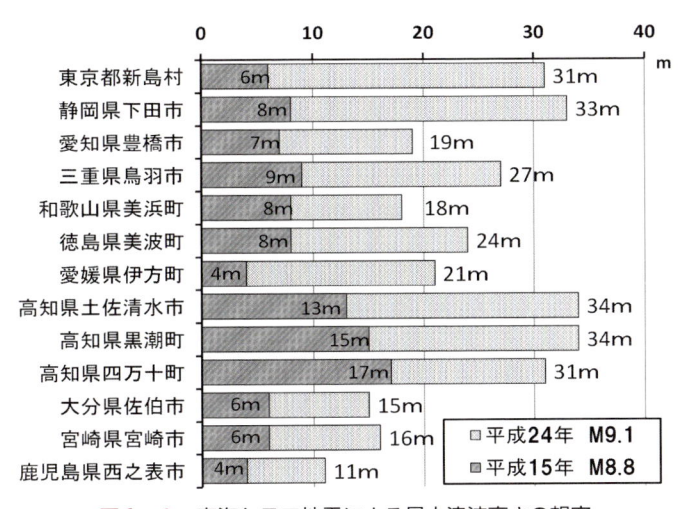

図6−1　南海トラフ地震による最大津波高さの想定

表6−3　首都直下地震による被害想定

公表時期	種類	時季	風速	全死者数
H16.12	東京湾北部地震	冬18時	15m/s	11,000
H25.12	都心南部直下地震	冬夕	8m/s	16,000〜23,000

　消防計画の詳細は「大規模地震等に対応した消防計画作成ガイドライン」（平成20年10月21日消防予第272号、平成31年3月22日一部改正、以下「ガイドライン」という。）に示されているが、その中で消防計画の作成・見直しに際しては地域防災計画との調整も必要とされており、想定が変更されれば消防計画の関係の部分の見直しも必要になる。

　平成19年（2007年）の消防法の改正を受け、防災管理対象物では、防災管理に関する消防計画が作られており、その作成率は令和5年（2023年）3月現在で約82％となっている。平成24年（2012年）には南海トラフ地震、平成25年（2013年）には首都直下地震、そして令和3年（2021年）には日本海溝等地震の被害想定が公表されており、これらの被害を軽減するには、防災管理の消防計画のみならず、防火管理に係る消防計画についても各事業所でより具体的な計画に向けて見直しが行われることが期待される。それでは、震災対策の強化に

つなげるために消防計画の作成にあたりどのような点に留意すべきだろうか。

1 大規模地震の被害想定の対応

最大の想定に基づく考え方は法律にも反映されている。南海トラフ地震に係る地震防災対策の推進に関する特別措置法や日本海溝・千島海溝周辺海溝型地震に係る地震防災対策の推進に関する特別措置法では、推進地域などの指定にあたって、「科学的に想定し得る最大規模のものを想定して行うものとする。」とされている。

消防法令に基づく防災管理に係る消防計画の項目としては、「地震発生時における工作物等の被害の想定及びその対策」が規定され、その前提となる地震の想定規模は、ガイドラインでおおむね震度6強程度の地震を考慮することとされている。

しかし、南海トラフ地震や日本海溝等地震の想定では最大震度7と想定されている地域は多く、これらの地域ではこの想定を踏まえて計画を作ることになる。また、震度については想定の目安は示されているものの、津波の想定は最大のものを想定するのか必ずしも明確でない。

改めて、これら3つの地震において死者数が最大となる想定をみてみると、それぞれ様相が異なっている。首都直下地震では、火災による死者の割合が約7割と高く、南海トラフ地震では、揺れによる死者と津波による死者がおおむね3対7の割合で、日本海溝等地震では津波による死者がほぼ100%となっている（図6-2）。

首都直下地震と南海トラフ地震は、想定マグニチュードが1段階異なることから、揺れによる死者の割合はおおむね同じでも、その数は約10倍の差がある。東京都、神奈川県、千葉県などにある防火対象物では、首都直下地震を想定し揺れ及び火災を中心に考え、さらに沿岸部や諸島にある事業所では、これに南海トラフ地震の津波の想定を加えながら消防計画を練ることになる。いずれにしても津波の想定は、消防計画を検討するうえで不可欠な要素となる。

また、日本海溝等地震の対策推進地域では、その中心は揺れと津波による死者を想定することになるが、新たに提起された低体温症要対処者を消防計画としてどう捉えるか、悩ましいところである。日本海溝等地震に関して消防計画

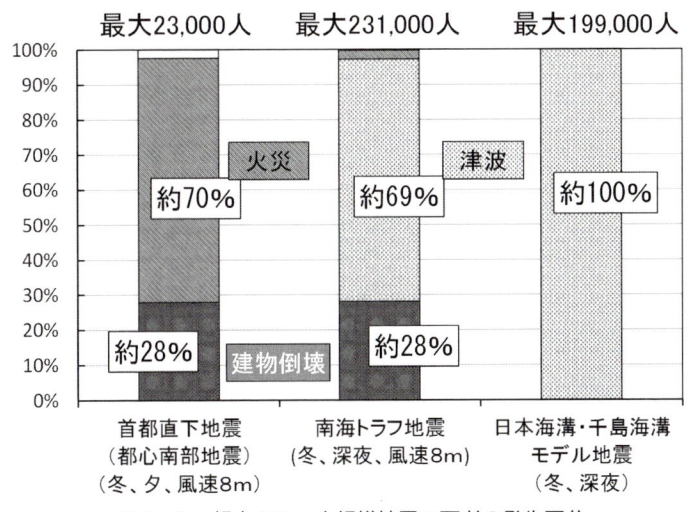

図6−2　想定される大規模地震の死者の発生区分
（南海トラフ地震は再計算後のもの）

に定める事項は、地震災害に対する一般的な事項に追加して、①津波からの円滑な避難の確保、②防災訓練の実施、③必要な教育等の３つであるが、この中に低体温症要対処者対応が含まれるか定かではない。消防計画では、避難や救出・救護ということも含まれており、寒さ対策がこうした内容と全く関係がないということはない。津波からの救出・救護及び避難対応に際して海水や河川水により体が濡れたり、ライフラインの遮断等により暖を取ることができなくなって低体温になるおそれがあるのであれば、低体温症要対処者対策も検討しなければならない。

　日本海溝等地震に関する対策の報告書では、防寒機能を備えた屋内の避難所への二次避難が可能となるよう、平常時から二次避難まで見据えた避難計画等について配慮する必要があるとされており、従来の避難とは異なる計画も必要になってくる。

南海トラフ地震と消防計画

　図6−1を改めて見てもらうと、南海トラフ地震による津波では平成15年（2003年）の被害想定では最大でも十数メートルであったものが、最新の想定

では30メートル以上とされている市町村が多くある。また、最大震度では、例えば四国の各県では、震度5強から6強の想定であったものが、震度6強から震度7となっている。

　津波が十数メートルの高さであれば5階建て程度の建物に相当し、この規模の建物であれば比較的数多く存在することから、建物の中で最上階や屋上等に避難すれば事足りた。しかし、30メートル以上となれば10階を超える高さになり、中小市町村ではその規模の建物はそう多くはない。このため、想定の見直しによって、海岸線の近くにある事業所では、当該建物の垂直避難から、場合によっては屋外避難と変更し、移動距離が長くなることも考えられる避難タワー等への水平避難を組み合わせた避難を計画することになる。もし、迅速な移動の手段がない勤務者や利用者が在館していたり、車での避難が困難となる状況が発生する可能性があるとしたら、事業所としてどう対応するか課題は多い。

　さらに南海トラフ地震に係る計画の作成にあたり悩ましいテーマがある。半割れや一部割れの場合の対応である。想定震源域でのM8.0以上の地震や一部の領域でM7.0以上M8.0未満の地震が発生し、残りの震源域において大規模地震が発生する可能性が高まっているケースなどにおいて臨時情報が発表されることになっているが、次の地震がいつ発生するかは定かではない。過去の例では、32時間後であったり2年後であったりしている。

　「巨大地震警戒」の臨時情報が出されれば、津波の到達までに避難が間に合わない事前避難対象地域の住民に対しては1週間の避難の継続が呼びかけられる。

　南海トラフ地震に対して、一定の用途では対策計画の作成が義務付けられている。これは、消防法令に基づき消防計画等を作成する義務のある防火対象物等では当該消防計画等にこれらを盛り込むことで代替できることになっている。その内容は、基本的に前記した南海トラフ地震に関して消防法令に基づき作成する消防計画に定めるべき事項と同じ項目であり、日本海溝等地震でも同じ組み立てとなっている。

　この計画は、推進地域の指定から6か月以内に作られることになっていることから、現在では対象となった事業所等ではすべて策定されていなくてはならない。ただ、令和元年（2019年）5月31日に南海トラフ地震防災対策推進基本計画が変更され、対策計画に南海トラフ地震臨時情報が発表された際の対応

を新たに盛り込むこととなった。これは消防法令には規定されていない項目で、その内容は、時間差発生等における円滑な避難の確保に関する事項として、南海トラフ地震臨時情報（巨大地震警戒）等が発表された場合における災害応急対策に係る措置に関する事項等である。これは大変重要な内容であり、政令改正ではなく基本計画の変更で追加されたことから分かりにくくなっているが、追加作成すれば消防計画の変更届出が必要な事項にあたる。

　令和6年（2024年）8月に南海トラフ地震の震源域の中である日向灘でモーメントマグニチュード7.0の地震が発生し、制度開始して初めて臨時情報の「巨大地震注意」が発表されたが、その対応に混乱した事業所もあったと報道されている。事業所において、臨時情報に対応する消防計画が作成されていたのか、その内容は機能したのかどうか検証し、見直しにつなげる必要がある。

　南海トラフ地震の消防計画に関して都道府県などで雛形が示されているが、半割れや一部割れを想定し、各事業所ではより個別具体的な内容が求められる。続いて起こる可能性の高い地震は、発生までの時間が短いことも想定されることから、事前の消防計画の必要性はそれだけ高い。

　南海トラフ地震の影響がある静岡、高知、和歌山などの各県では県民の意識調査を実施し臨時情報の認知度を聞いているが、令和4年度又は令和5年度の調査で、臨時情報を明確に「知っている」と答えている人はいずれも35％以下と低い。令和元年（2019年）から運用が始まった制度であるが、認知度が低いのにはやや驚きを隠せない。初めて臨時情報の発表されたこともあり、南海トラフ地震に関する消防計画の作成義務のある事業所では、認知度が100％であることを期待するばかりである。

日本海溝等地震と消防計画

　日本海溝等地震に対しては、令和4年（2022年）12月16日から「後発地震注意情報」の運用が始まった。この情報に関しては、令和4年（2022年）9月の基本計画が変更され、対策計画に後発地震への注意を促す情報が発信された際の防災対応に関する事項を定めることとなり、推進地域のうち一定の地域にある事業所では消防計画に同様のことを定める必要がある。これも地震対策としても重要な内容であり、南海トラフ地震の臨時情報に関する事項と同様に、

消防計画の変更届出が必要になる。

　これらの作成項目は消防法令に規定されているものではないことから、体系が少し分かりにくい。計画の変更は基本的に事業所で対応することであるが、それぞれの事業所で実態に即した具体策が必要なことは言うまでもなく、消防としても事業所の指導のためにより具体的な考え方を整理しておくことが期待される。

日本海における地震と消防計画

　日本海沿岸東部では、昭和58年（1983年）の日本海中部地震や平成５年（1993年）の北海道南西沖地震など、おおむね10年から20年間隔で被害を伴う地震津波が発生している。このため、日本海における津波被害を軽減するため、平成25年（2013年）から国土交通省において日本海における大規模地震に関する検討会が開催されている。この報告によれば、北海道では最大20メートルを超える津波が、また青森県、石川県の海岸では最大15メートルを超える津波が想定されている**（図6−3）**。

　この日本海における津波に関する計画は、消防法令上一般的に想定される地震対策として検討することになるのではと考えられるが、日本海における津波は震源が陸地に近く、陸地への到達時間が短いことが大きな特徴で、東日本大震災の際の津波の到達時間と同様に考えて計画すると手遅れになるおそれがある。前記の日本海中部地震では震央から約70キロメートルの距離にあった秋田県男鹿市に９分後に津波が到達し、北海道南西沖地震では震央から約60キロメートルの距離にあった奥尻島には数分で大きな津波が到達している。

　気象庁では、かつて津波警報等の発表を地震発生から15分以内を目標に実施していたが、この二つの津波災害を受けて、７分、３分と短縮されている。如何に津波が早く到来したか分かる。日本海での地震による津波の発生確率は高くないが、地震が発生してからの避難する時間が短いことから、事前に消防計画の中で対応を定め従業員等に徹底しておくことの必要性は高い。

　前記の報告書では、想定された地震による平地までの津波の到達時間は、石川県輪島市、福井県福井市など15市町村で最短１分以内とされ、82市町村で10分以内とされている。

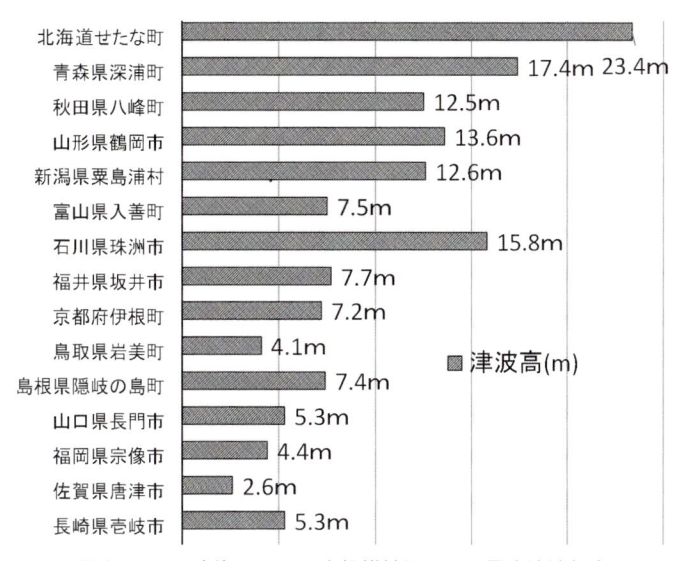

図6－3　日本海における大規模地震による最大津波想定

　令和6年（2024年）1月の能登半島地震では、日本海側では地震発生後に津波が早く到達する可能性があることを踏まえ、早期の避難が繰り返し呼びかけられた。

　こうした地域にある防火対象物では、地震対策としてこれらの想定をどの様に捉え、消防計画に反映させていくのか検討が必要である。

2　毒性物質等の発散による特殊な災害の消防計画

　防災管理として対応すべき災害の対象として、地震対策以外に毒性物質の発散等による特殊な災害がある。この消防計画について、少し触れておきたい。

　ガイドラインによれば、「毒性物質の発散等への対応については、その特殊性や人為的な要素が大きいことから、個別に災害の態様を想定することは困難であり、地震等の災害への対応を想定した計画を応用して活用できる範囲で対応を行うことで足りるものである。」とされ、具体的な内容は各事業所に委ねられている。

　毒性物質の発散等への対応は、消防法令では基本的に通報連絡と避難誘導、そのほかの被害の軽減策を消防計画に定めることになっている。確かにこの項

目だけを見れば、火災や地震等の災害への対応と同様に計画すれば良いのかとの印象を受ける。

特殊な災害は、国内ではサリン事件が起きてから様々な対策が進み、おそらく一般の防火対象物では法定災害のような極めて特殊性の高い災害は発生する可能性が低く、ほとんど経験することはないと考えられる。このため、関係者にとってはイメージが湧きにくく、仮に消防計画にその対策を定めたとしても、やや実行性の乏しい計画になるおそれがあることは否めない。ただ、特殊な災害という考え方を少し広く捉えれば、この計画を応用できる災害はある。塩素ガスの災害、酸欠や一酸化炭素中毒、硫化水素ガスが発生するような災害である。

特殊な災害への対応については、多くの現場を経験しその対応のプロである消防職員や特殊な物質等を取り扱う民間企業等の経験者でないと消防計画の立案に苦慮するかもしれない。しかし、防災管理の業務を担う者は、少なくとも特殊な災害における避難誘導等が火災や地震災害の避難誘導等とはかなり異なる点があることを知っておかなければならない。

特殊な災害の対応として消防計画を作成する内容は、通報連絡及び避難誘導に特化されるが、その前提として特殊な災害を発見した時の対応が極めて重要になる。

特殊な災害の発見時の対応

火災や地震災害では、災害の状況や二次災害の兆候はある程度目で見たり体感したりして確認し、状況を判断しながら活動することができる。しかし、毒性物質の発散等や放射線の漏洩等では、災害の状況を把握することが容易でなく、二次災害を予測することはさらに難しい。そして、この災害の発見時に行うべき対応は、その後の避難誘導のやり方に大きく影響してくる。

特殊な災害の現場の状況としては、

① 倒れている人、うずくまっている人、咳き込んでいたり吐いている人など、同様の具合の悪そうな症状を示す人が複数いる
② 具合の悪そうな人には、状況にもよるが出血等明らかな外傷が見られない
③ 火災や煙など通常の災害らしきものが視認できない
④ 床面が湿っていたり、空気中の視界が少し霞んでいる

⑤　屋外の場合、鳥や動物、魚が多数停止している。草木が枯れていたり、
　色が変わっている

などであるが、簡単に言えば「何が起こっているのか理解できないけども、人
的被害が出て何か異常なことが起こっている。」と感じる現場の状況である。

特殊な災害の避難誘導

　このような状況が発生した場合、火災や地震災害での避難誘導とは異なり、
特殊な災害に特有な方法で対応しなければならない。繰り返しになるが、まず
は、勘を働かせ、何かおかしい、通常の状態ではないということに早く気付き、
そして、状況をさらに悪化させない、被害を拡大させない、二次的災害を防ぐ
ということに重点を置いて活動をすることになる。これは、状況にもよるが、
そこに倒れている人を処置しないで避難するこということでもあり、実際のと
ころかなり厳しい判断が必要となる。

　その対応としては、

①　異常な状況の現場に近づかない。素早く距離を取る

②　現場のものに触れない。応急手当や救助をしようとしない
　　応急手当や救助は、消防隊の到着を待つ

③　現場への人の入りを止める。エリア内外での飲食を止める

④　避難者に上着を着用させたり、上着で顔や頭を覆うなど身体の露出部分
　を保護させる

⑤　エリア外の人に、ハンカチなどで口や鼻を押さえ、避難を促す

⑥　避難誘導は、異常な現場内にいたグループとその外にいたグループを一
　緒にしない

といったことだろうか。そして、そのエリアについて可能ならば防火戸や防火
シャッターなどにより区画したり、そのエリアの換気を止めることも必要だ。
避難誘導は、室内換気による空気の流れとは逆方向に向かい、その異常な現場
を通過しない遠くの経路を選択することになる。

　火災や地震災害の際の避難誘導であれば、火災の起きていない経路や破損し
ていない経路を選択することになる。しかし、特殊な災害では、多くは建物構
造等が通常どおり機能している考えられることから、「どの経路でもかまわな

いから早く逃げろ」となりがちであるが、毒性物質の状況等を踏まえて避難経路を選択することを覚えておきたい。

特殊な災害の通報要領

　特殊な災害では、速やかに消防機関に通報し、見た状況を少しでも早くありのまま伝え、指示を仰ぐことが極めて重要だ。

　大規模地震では、通報による消防機関の出動はあまり期待ができないことから、特殊災害の通報要領は、火災を参考にすることになる。ただ、火災の通報要領がそのまま活用できるものではない。特殊な災害では、そもそも災害の状況が分からないので、通報する情報が整理できずに通報を躊躇しがちであるが、それでも早く通報するという確固たる態度が必要になってくる。

　火災通報の内容としては、事故種別、所在地、建物等の名称、火災の状況として、何が燃えているのか、逃げ遅れの有無などであるが、特殊災害の通報では、事故種別は分からないので、所在地及び建物等の名称のほか、

① 　発生場所の詳細（○○階、地階、屋外、屋上、入口など）
② 　現場の異常な様子
③ 　現場の残留物など状況、現場の雰囲気
④ 　倒れている人等の概ねの人数
⑤ 　来館者等の避難等対応状況

などである。何を通報すれば良いのか分からない状況の中でも、少なくとも異常な現場の状況、具合が悪い人が何人くらい出ているのか、という情報が大きな意味を持つ。これらの情報は、周辺の事業所へも連絡する必要があり、こうした活動の内容を消防計画に定めておきたい。

特殊な災害の避難後の対応

　避難を終えたならば、除染活動等を行うことになるが、それは消防隊が到着し、その指示に従って実施する。

　災害時の一般的な自衛消防組織の活動としては、災害防御、救助・救出、救護などの活動があるが、特殊災害の対応では避難誘導及び通報連絡以外の活動は行ってはいけないということだ。このことは、法令通りに読めば敢えて言う

必要のないことであるが、ここにも火災や地震災害時の活動とは大きく異なる点がある。

　特殊な災害の消防計画として、細かい内容まですべてを記載することはなかなか難しいとしても、通報連絡のほか、現場での対応としては、放射線防護の３原則である、時間（近くにいる時間を短くする、time）、遮へい（間に遮蔽物を置く、shield）及び距離（現場から離れる、distance）の考え方は、様々な特殊な災害に共通する原則なので、このことをしっかりと押さえ、立入禁止区域の設定と避難誘導の方法など定めておくのが良いだろう。

まとめ

　防火管理業務や防災管理業務は、法令に基づき画一的に行うのではなく、それぞれの防火対象物の実態に沿った形で作成された消防計画に基づき実施する必要があるとされている。

　火気使用設備に様々な安全装置が装備され、また防火対象物や街の中には多くの監視カメラが設置されている効果などもあるのか放火が少なくなるなど、生活環境における火災への安全性が向上し、火災件数は減少傾向にある。このことは、犯罪的な放火による火災は別としても、防火対象物ではしっかりと防火管理を行っていれば、都市型災害である平常時の火災は、その発生をかなり抑制することができるということになる。

　消防計画は、消防本部等の長年の努力があって様々な雛形が作られ、これがホームページで公開されるようになり、防火・防災管理者の選任義務防火対象物では、作成率が確実に上がってきている。中でも、火災の対応に関する内容はこれまでの実績や経験等を踏まえ、より具体的で充実したものとなってきている。

　一方、大規模な地震による災害に関する消防計画も同様に雛形が作られているが、地震時の影響は、被害想定をもとにしながらも、地盤の弱い場所に立地する事業所、消防用設備等の耐震化ができてない事業所、津波の影響が大きい沿岸部の事業所、外部への避難に時間を要する事業所など個別的な危険要素が大きく異なり、消防計画は単独の火災よりもバラエティに富んだものになるはずである。

大規模な地震は、単独の火災の罹災率よりもはかなり高い率で発生するおそれがある。南海トラフ地震等の逼迫する大規模地震時における被害を確実に軽減するため、特に地震発生時の利用者などへの案内や広報、避難誘導等について、それぞれの事業所ではより具体的かつ実践的な消防計画を作成していく必要に迫られている。

電気に関係した火災の増加と電気技術の習得

　火災原因は、社会の制度や都市構造の変化を如実に表している。**図7-1**は火災原因について、平成15年（2003年）と令和4年（2022年）増減割合を比較したものである。

　全体の火災件数が減少していることを受け、多くの火災原因が減少傾向にあり、なかでも特定の火災に対してその減少に向け新しい機器が開発されたり、出火原因の対策に関係する新たな制度が開始されたりしたものは、火災件数全体の減少率を大きく上回る割合で減少をしている。

　一方、増えている火災原因がある。電気に関係した火災原因である。全体の火災件数が減少する中で、火災原因の件数が増加しているのは、新たな傾向と課題を提起している。

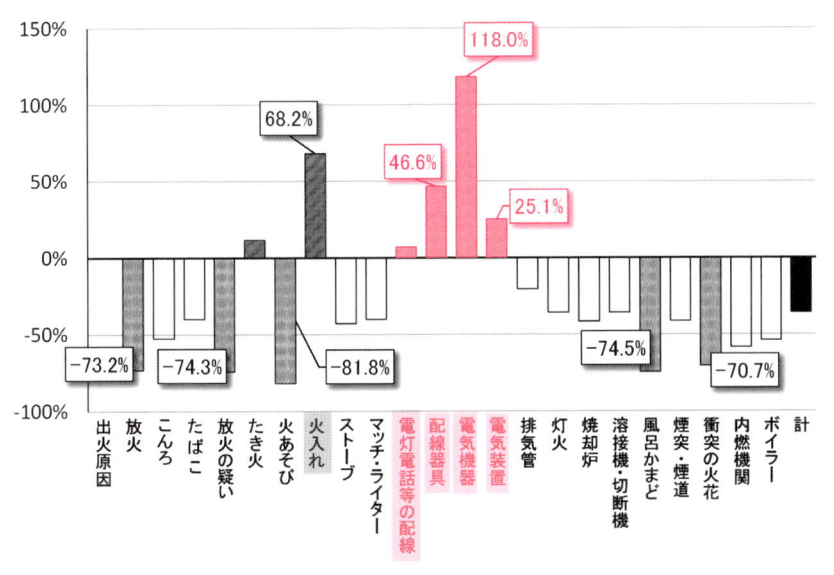

図7-1　火災原因の増減状況

1 減少傾向にある火災原因

　火災件数全体の減少割合は35％程度であるが、それを大きく上回る減少幅を示しているものは、放火、こんろ、火遊び、風呂かまど、衝突の火花、内燃機関、ボイラーなどである。火遊びの減少率が大きいのは、マッチの生産量の減少や使い捨てライターの安全装置の付加が寄与していると考えられる。子供が使いにくいようにした安全装置のついてない使い捨てライターは、平成23年（2011年）９月から販売禁止となったが、これに反応するかのように平成24年（2012年）中の火遊びの火災は、平成23年中に比べて大きく減少している。使い捨てライターは消費期間が短いため、生産の停止とともに火災原因に素早く反映されてたと推測される。また、風呂がま、煙突・煙道、内燃機関、ボイラーといったものは、消防庁や消防本部が、関係の工業界とともに、長年にわたり火気使用設備に対する安全装置を付加したり、市民への広報、火災予防条例への規制等を重ねてきたことよるものである。さらに衝突の火花は、車両の衝突による火花に起因する火災であるが、これは車両メーカーの研究により車両火災を少なくするため、おそらくは車体構造として衝突による火花が出ないような構造材や塗料等が使われるようになっていることによるものである。

たばこを原因とする火災

　一方、たばこを原因とする火災は、あまり減少していない。全体の火災件数の減少割合とほぼ同程度である。厚生労働省の国民栄養健康調査によれば、令和元年（2019年）における男性の全年齢の喫煙率は平成元年（1989年）と比較して半分以下になっている。たばこの火災があまり減っていないのは、高齢者による火災が増えていることによるものではないかとも考えられるが、このデータによれば70歳以上の喫煙率の減少幅は、全年齢の平均よりも大きくなっている。

　喫煙率の減少が、データ上、たばこによる火災の減少にさほど反映されていないように見える理由は、一体どこにあるのだろうか。

2 増加傾向にある火災原因

　全体の火災件数が減少しているにもかかわらず、増加している火災原因は、電灯電話等の配線、配線器具、電気機器、電気装置で経年の増加傾向が顕著に表れている（図7−2）。

　これらはいずれも火災報告取扱要領では、すべて電気関係のものと分類されているが、この中には、電気ストーブ等、電気を熱源とする火気使用設備や器具は含まれておらず、これらはそれぞれこんろ、炉、ストーブ、こたつ及び溶接機・切断機として分類されている。このため、エネルギー別に分類をしてみれば、前記の4つにさらにこれらが加わることになり、電気関係を原因とする火災件数はもっと多くなる。

　配線等の4つの火災件数を合算すると、平成15年（2003年）は3,812件で全火災件数6.8%であったが、令和4年（2022年）には、5,567件で全火災件数の15.3%に及ぶ。その数字は、平成15年では火災原因の多い順から5位であるが、令和4年（2022年）はダントツ1位に躍り出る。実に放火と放火の疑いを加えた数字よりも数1,900件近く上回っている。

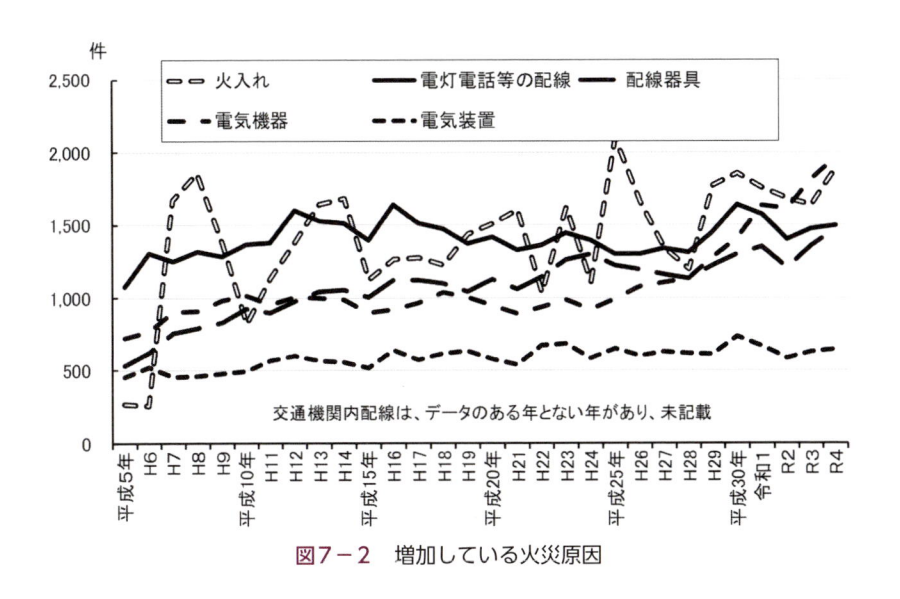

図7−2　増加している火災原因

電気用品安全法令による安全規制化

　電気用品については、電気用品安全法令により、トラッキングによる火災やコードの断線・接触による火災等の対策が強化されている。平成21年（2009年）には電気冷蔵庫に使用されている差し込みプラグについて耐トラッキング性が規定され、平成26年（2014年）及び平成27年（2015年）の改正により、すべての家庭用の電気製品の差し込みプラグについて耐トラッキング性が要求されるように規定された。また、平成24年（2012年）には電源の延長コードについて改正され、保護被覆付コードが使用されたり耐トラッキング性や難燃性等の性能が規制されている。

　これらの改正による性能を備えた電気用品が普及し、火災の減少効果が徐々に現れてきているとは思う。ただ、差し込みプラグの人為的な緩み等を原因とする火災の危険性はこれらの対策でもなくならないため、引き続き電気火災への広報はしっかりやって行かないといけない。

「その他」の火災原因の増加

　火災原因の発火源の分類の中に、明確な内容に該当しないものとして「その他」がある。この推移をみると、消防白書では平成5年（1993年）からのデータになるが、全体の火災件数に対する割合が平成5年では8.7％であったのが、令和4年（2022年）には18.4％となり、かなり増加している。火災原因の約2割弱が、一般的な火災原因には分類されない何か特別の機器等であることを示している。仮にこれに電気に関係する機器等が含まれているとすれば、電気に関係する火災はさらに増えることになる。

　指定都市及び東京都の大都市消防本部で公表している消防年報や統計（令和元年（2019年）ベース）では、少なくとも6都市が電気関係の原因をまとめたりして公表をしており、これらのほとんどは上位3位以内に入っている。また、これとは別に、個別の電気関係の原因が上位3位以内に入っている都市やリチウムイオン充電池・電気ストーブ等特定の電気機器を表示し、これらが上位10位以内に入っている都市もある。

　「その他」の原因を電気関係とそうでないものに分けて表示している都市もあり、電気に関係する火災が全国的に増加傾向にあり、指定都市等でもその状

況に着目していることをうかがうことができる。

火入れ等への広報

　電気に関係する火災とは別に、火入れを原因とする火災が増えている。

　火入れには、枯れ草焼きと火入れの火の粉が該当するが、その火災件数は平成15年（2003年）と比較し約68％増えている。阪神・淡路大震災の影響によるものかあるいは火災報告取扱要領の見直しによるものか明らかでないが平成7年（1995年）に急増し、その後増加傾向にある **（図7−3）**。平成15年は全火災原因中9位であったのが、令和4年（2022年）には上位5位以内を狙う勢いだ。

　増えている理由は明確でないが、火入れに関しては、森林法を受け市町村の条例や規則でその規制を定めているところもあり、それなりの安全対策が行われている。林野火災につながるものもあるが、令和4年（2022年）の林野火災件数1,239件のうち、火入れを原因とするものは241件しかない。林野火災には原野や牧野での火災が含まれるが、火入れによる火災が林野火災の原因全体の20％にも満たないということは、林野火災の定義に当てはまらない場所での火

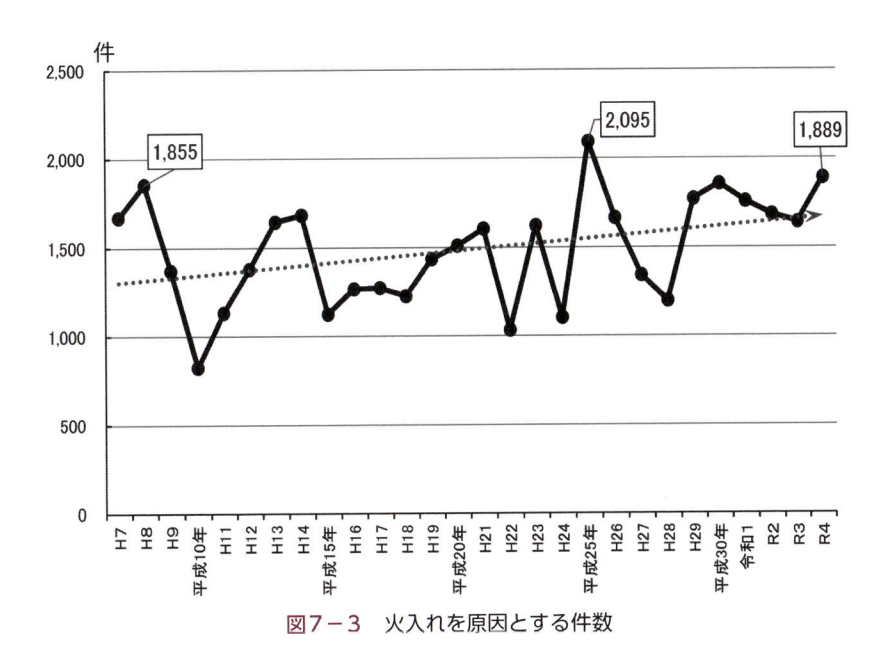

図7−3　火入れを原因とする件数

入れを原因とする火災が大半を占めていることになる。ゴミ収集場などにおいて枯れ草以外の何かを意図的に燃やそうとして火災になっているのだろうか。

グラフでは、複数のピークが出ていることから、もしかして風水害による被害のあった住戸等の廃材の焼きかと推測し、各年の全壊と半壊の棟数との関係を調べてみたが、特段の相関関係は見いだせなかった。

火入れの警戒活動は、消防団員が中心になって行われている市町村が多いが、消防団員が入れ替わりまた減少傾向にある中で、消防団員に対して、火入れを原因とする火災が増加していることをしっかり広報や指導を行っていくことが必要である。

3 製品火災の傾向

図7－4は、令和4年（2022年）までの最近10年間における製品火災の原因の特定状況を示したものである。

製品火災については、従前において、出火した建物等の関係者に対する消防長等の質問権のみが規定されていたが、それだけでは十分な火災原因調査をす

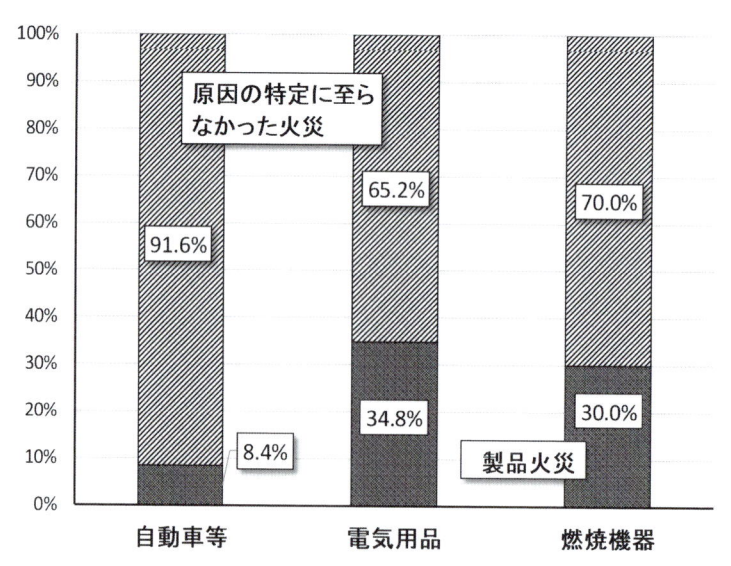

図7－4　製品火災の原因の特定状況
(平成25年から令和4年までの10年間の平均／令和4年5月31日現在)

ることができないという状況が増えてきたことから、全国消防長会の要望もあり、平成24年（2012年）に消防法第32条が改正され、火災の原因である疑いがある製品の製造業者等に対して資料提出を命じたり報告を求めたりすることができるようになった。消防法第4条にはない原因調査特有の権限が整備されたことになる。

原因の特定に至らなかった割合の高さ

気になるのは、原因の特定に至らなかった割合が高くなっていることである。自動車等で約9割、電気用品及び燃焼機器は6割から7割の高さである。年ごとの推移を見ると、原因の特定に至らなかった割合はほぼ横ばいか若干増加傾向にある。

製品火災の原因特定の難しさは、その技術的進歩や多様化と関係する。自動車は、かつての機械式から今はその最も基本的な走行に係る部分が電子制御になり、そのほかの部分にも多くの電動装置や電子部品が使用されている。これは、自動車に限ったことではなく、家庭用の電化製品や火気使用設備等にも電子部品が多く使われるようになり、その制御機能を生かして安全で安定的・快適な作動を支えている。

家庭内ではほかにも、電気又は電池が使われている製品はどんどん増えている。カメラもかつては機械式の光学機器であったが、今は電子式の光学機器である。使い古したデジタルカメラを分解すると、こんなにも精密に配線が張り巡らされているのかと驚かされる。

経済産業省のデータに拠れば、ハイブリッド車等を含めた電動自動車の販売台数は、環境対策もあって今後10年間で2倍近くになると予想しているが、電気自動車となれば、さらに電子化が進むとともに電装品が増加し、火災となった場合の原因究明は極めて難しくなる。

関係機関との連携と消防の原因調査

製品火災等については、消防庁及び経済産業省等を通じて製品評価技術基盤機構（NITE）に情報提供がなされ、NITEにおいて調査が行われたり、また消防研究センターとの合同での原因調査も進められている。こうした連携は火

災原因の究明に大きな成果を上げている。

　消防本部においてはこうした連携による火災原因調査の結果を予防行政に活用することはもちろんであるが、火災原因調査では火災の発火源やその経過を究明するということだけではなく、火災という現象の発生拡大過程や市民の行動といった多角的な面から火災を捉え、予防や警防活動に反映をする消防の原点となるべき役割がある。このため、鑑識・鑑定を中心とした部分では関係機関の専門性を生かし連携を図りながらも、消防本部においては火災原因調査の体制向上をめざしていくことの重要性は今後も変わることはない。

4 改めて考える火災原因調査の意義

　消防では、火災原因調査活動においてどのような活動を行い、どのようなデータを収集しているのだろうか。

　火災原因の調査活動の目的は、狭義的には火災原因や損害を明らかにすることであるが、それだけではない。原因を調査する過程においては、火災発生から最盛期に至るまでの燃焼状況や経路、火災に至るまでの人の動き、火災発生から通報までの行動、建物の中の物件等の焼損や煙の出方、延焼経路や死傷者を生ずるに至った経過等も明らかにする。

　これにより、類似した火災の予防広報に反映することだけでなく、用途、規模、構造別の燃焼状況を知ることによって、火災防御活動において類似の火災の際の消火方法や人命救助の戦術を立案するデータとなり、活動における安全管理の科学的な礎としている。

　さらに焼損した建物構造の課題や燃焼物件の焼損状況を明らかにすることで、建築物や構造材の安全性能の改善や都市計画にも寄与している。かつて、横浜市では、都市計画法に基づく防火地域等の線引きを行う際に火災発生データを参考とするため、消防局の意見を聞いて行われていた。近年大きな火災があると消防法令とともに建築基準法令も改正されることが多くあるが、火災の状況や課題を明らかにすることは、関係法令をも変える力を持っている。

　また、火災発生から通報までの市民の行動を明らかにすることで、その課題と変化が明らかになり、新たな火災予防広報にも役立つ。さらには、消防ではこれまで多くの様々な火気使用設備等の火災原因を明らかにしてきたが、これ

により様々な安全装置が付加され、例えば天ぷら油火災が多いという調査結果を受け過熱防止装置付きコンロが開発普及し、あるいはライターによる子供の火遊びが多いという調査結果をもとに、安全な携帯ライターが開発されている。前記した電気用品の差し込みプラグ等も同様である。このように消防の原因調査は、市民の安全な生活や死傷者の減少に大きく貢献をしている。

警防活動における安全管理

　火災における燃焼状況や燃焼経路は対外的にあまり重要視されることはない。しかし、これらを明らかにすることは消防にとっては大きな意味を持つ。

　消防にとって災害活動時における安全管理の概念は最も重要視すべきものであるが、実火災の形状や火災の推移について一般的な情報としてはなかなか存在しない。火災現場において、もし救助を求めている人がいて助けることができると判断するのであれば、必ずや救助に向かう。それは、消防の使命だからと安全管理を横において、精神論だけで判断しているのでは決してない。

　火災現場における活動は、過去の直接的な火災の経験のみならず、火災調査から導き出された多くの類似した火災の燃焼経路や燃焼の時間的推移、構造物や内容物の特性に応じた火や煙の拡大状況等のデータと知識、そしてこれらに基づく勘を総合して、プロとしての決断をしている。正にこれらに裏打ちされているからこそできる行動なのである。

　火という物理的・化学的な現象のことを十分に理解せずに、防御活動を行うことは無謀としか言いようがないが、その技術を習得するのには時間がかかる。このため、経験の少ない消防隊員の行動を支援する役割を果たすのが隊長等であり、指揮隊や安全管理を担当する部隊である。

　そのため、こうした部隊はただ表面的な煙や燃焼の状況だけを見て安全だとか危険だとか判断しているのではなく、燃焼物件、火災の推移や規模、煙の色等に応じた危険性のデータや知識を総合して判断を行っている。特に隊員や市民の命に関わる危険性の高い火や煙の兆候については、それに素早く気付く集中力とともに、その後のスピードある判断力と活動している隊員への情報伝達に向けた行動力に大きな力を発揮している。

　電気に関係する火災は、今後どうなるのであろう。図7－5は、2人以上の世帯における耐久消費財のうち電気を使用するものの100世帯あたりの保有台数の推移を示している。ブラウン管から液晶や有機ELに変わったテレビの台数はあまり変化ないが、多くは増加している。

　環境対策の要請から各機器では省エネ対策、すなわち消費電力の減量化が進んでおり、火災の主たる原因となる電流の増加による発熱という視点からは、火災の減少が期待できるかもしれない。しかし、おそらく今後も電気機器は増える傾向に変わりなく、それ故に電気に関係する火災の割合は引き続き高く推移していくと予測される。

　火災報告取扱要領では、火災原因として発火源、経過、着火物及びその概要を記載することとなっているが、電気に関係する火災原因については、建物火災では、燃焼状況や関係者からの聞き取りにより火災の発生した場所がある程度特定できれば、発火した機器や配線等を想定することは導きやすい。しかし、

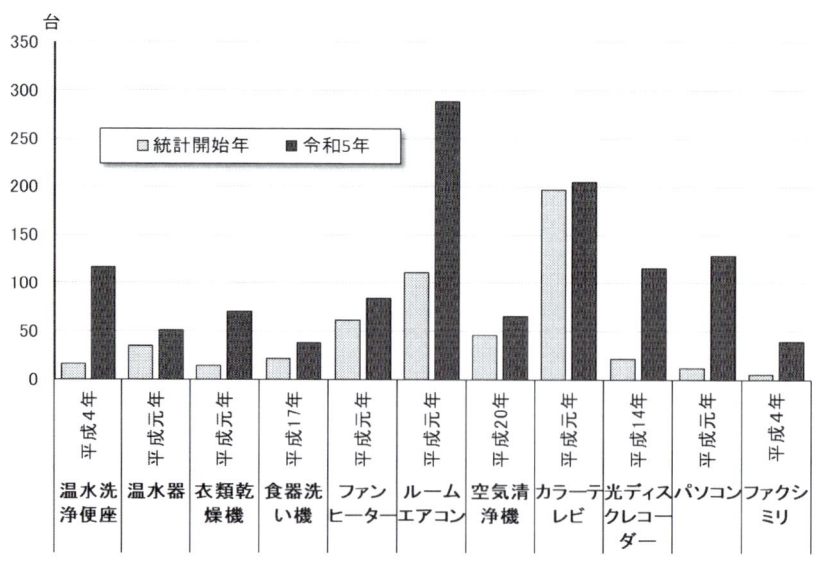

図7－5　世帯における主要耐久消費財の保有数量（2人以上の世帯、100世帯あたり）
（内閣府資料から作成）

その経過となると、例えば機器内における過電流、漏電、絶縁劣化、短絡等を見極めるのは機器に応じた専門的知識が必要になってくる。

　また車両火災の場合は、これが機械や電気機器の塊であり、乗客による放火とかたばこの不始末など明らかに人為的なものは別として、発火源と経過の特定は建物火災よりも一層難しくなる。電装化や電子化が進めばさらに難しさは増し、このことが製品火災におけるデータに表れているのではないかと懸念する。

電気技術の習得と人材育成

　かつて、工場の爆発等、化学的な災害が多発した時代には、消防本部では化学を学んできた職員を採用してきた経緯があり、危険物行政や特殊災害の対応として消防の発展に大きく関わってきた。

　多様な特殊災害が発生している現在において、化学的な知識が必要なことに変わりはないが、加えて電気に関係する技術・知識の習得に力を入れるとともに、こうした技術等をもった人材を採用していく視点を持つことが重要だ。

　電気に関係する技術等は、火災原因の調査に止まらず、消防同意や立入検査、火災等の防御活動においてもその必要性は高まっていく。

　消防本部には、危険物取扱者、毒劇物取扱者や火薬類取扱保安責任者といった資格を持った職員は多くいると思うが、電気関係の資格を持った職員はそう多くないのではないか。消防の業務において資格を有することが直接的に業務に結びつくわけではないが、電気の知識を学ぶという手段として電気関係の資格により多くの職員がチャレンジすることが期待される。

　電気に関係する火災原因は、発熱して使用するストーブ等と可燃物との接触によるものは別として、主として電気配線やコンセント等の接続点を中心として、過大な電流と接触面積の減少によってもたらされる抵抗の増加による発熱を要因していることが多い。しかし、電子制御による製品が増えてくると、外からは容易に見ることができない製品内部の電子部品のショートやプログラムの異変等によって発熱が起こることも想定され、自動制御技術や特殊な物質の反応等も理解しながら、根本的に潜んでいる発火のプロセスを探し当てるものでなければならない。

　これらはある面で最先端の分野であり、なかなか理解することは難しいとし

ても、消防法第32条により火災原因のために報告を求めた製造事業者等の資料を理解し、その中から火災の原因となる問題点を見つけ出すためには、これまで以上に電気に関する知識や技術が必要になってくる。そうした技術をもって原因究明に対するノウハウに少しずつ磨きをかけていくことが時代に即した新たな火災危険を見いだすことにつながってくる。

まとめ

電気に関係する火災原因の追究が難しくなっている一つの理由は、かつて機械式であったものが電気式になっているなど、身近な生活環境の中で多様な電気製品が使われるようになってきていることがある。そして、消防法令や建築基準法令と同様に電気製品も性能規定化が進められており、海外製品も含めバラエティに富んだ電気製品がより国内に流通しやすくなると、さらに多様化が進むことが考えられる。

阪神・淡路大震災をはじめ、複数の震災においても電気に関係する火災が高い割合を占めており、地震動という違いがあるにしても、消防は日常の火災においても電気を原因とする火災を意識しながら少しずつ体制を整備していく必要がある。

最前線での火災活動を支える消防のプロとして、火災原因調査が消防固有の重要な権限であることを重視し、常に新たな視点から火災原因を追求していくことに闘志を燃やしていければ、痛ましい火災事故による死傷者と物的損害をさらに減らすことにつながっていくことは間違いない。

第8 熱中症と予防救急の可能性

　救急件数が増加傾向にある中で、夏場における熱中症の救急搬送人員も増加傾向にあり、予防救急としての熱中症への取り組みの重要性が年々高まっている。

　熱中症の救急搬送人員が増加している最大の要因は、地球温暖化の影響である。気象庁のデータによれば、夏場における真夏日、猛暑日及び熱帯夜が増加傾向にあることに加え、都市部ではヒートアイランド現象による気温の上昇が顕著になっている。

　気象庁が公開している、都市化の影響が少ないとされる全国13地点平均の100年間の数値によれば、真夏日の日数にそれほど大きな増加傾向はみられないものの、猛暑日と熱帯夜の日数の増加傾向は大きい。これらが熱中症の増加に大きく影響を与えていると考えられる。

　熱中症の救急搬送が増加している二つ目の要因は、救急件数全体を引き上げている要因と同様に高齢者が増えていることである。高齢者の特性として、暑さを感じにくいことや体内の水分量が減少しているにもかかわらずのどの渇きを感じにくいことなどがあり、様々な面から対策が進められている。高齢者の熱中症の全国の救急搬送人員は、平成30年（2018年）をピークにやや減少傾向が見られるものの、増加のトレンドは今後も続くと予想される。

　消防白書によれば、令和4年（2022年）中の全国の救急搬送人員全体の6割超が高齢者であり、熱中症の高齢者の救急搬送人員も、全体の6割弱でほぼ同等となっている。ただ、高齢者を含む全年齢において熱中症は軽症の割合が高く、毎年6割を超えていることが気がかりである。

　三つ目の要因として、社会全体で熱中症の認知度が高くなってきているとともに、熱中症と診断される件数が増えていることが考えられる。

　熱中症の増加を受け、令和4年（2022年）4月には環境省から「熱中症対策行動計画」の改正が示されるなど、社会全体で対策に取り組もうとする動きが年々大きくなってきている。消防庁をはじめ、環境省、厚生労働省、気象庁などの関係省庁や地方自治体、医療機関や報道機関等、様々な組織で予防のため

の広報等が行われている。

　救急車の適正利用と、そのための緊急度判定を推進する消防にとっては、軽症者の割合が比較的高い熱中症対策をどのように進めていくかが一つの重要なテーマとなっている。

1 熱中症の救急搬送状況

　消防庁では、平成20年（2008年）から夏期における熱中症による救急搬送人員の調査を実施しているがそれ以前の傾向を探るために、国立環境研究所が公表している資料をもとに7都市（東京都、川崎市、横浜市、名古屋市、大阪市、神戸市、広島市）を選び、平成16年（2004年）から平成27年（2015年）までの熱中症による救急搬送人員を集計した（図8−1）。

　これを見ると、搬送人員は平成22年（2010年）を境に急増し、その状況が継続していることがわかる。消防白書の掲載データにも同様の傾向がみられるが、なぜこのような急激な変化が起きたのだろうか。

　熱中症が増加している最大の要因に気温の上昇があげられることから、上記7都市について各地方気象台における、真夏日、猛暑日及び熱帯夜の年間日数を集計してみた（図8−2）。このデータでは、熱中症が急増した平成22年（2010

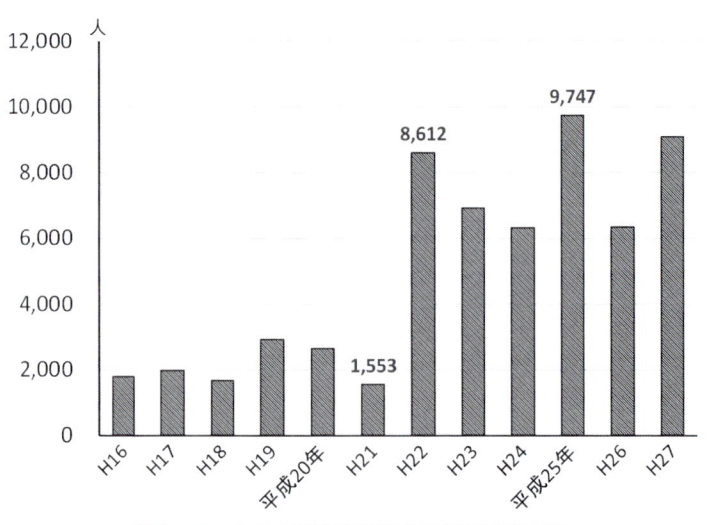

図8−1　主な大都市の熱中症の救急搬送人数

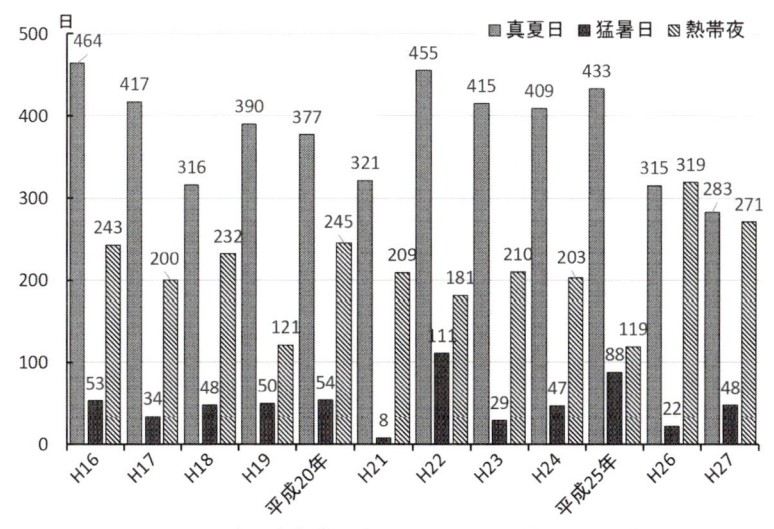

図8−2　主な大都市の真夏日、猛暑日、熱帯夜の日数

年）の猛暑日の日数が確かに多くなっているが、真夏日や熱帯夜は必ずしも多いわけではない。また、平成21年（2009年）以前と平成22年以降の6年間の平均を比較してみると、猛暑日の日数は平成22年以降がやや上回っているものの、真夏日や熱帯夜の平均日数にはほとんど変化はない。年ごとでは平成21年以前の年の猛暑日や熱帯夜の日数が、平成22年以降の年の日数を上回っているものも多い。

　平成21年は冷夏となり、平成22年の夏は猛暑となって気候の変化が大きかったことから、熱中症の救急搬送人員が急増したとも考えられるが、平成22年以降では猛暑日や熱帯夜の日数がそれほど多くない平成25年（2013年）は、7都市の救急搬送人員が平成22年以降の6年間で最も多くなっており、全国の熱中症の救急搬送人員も同様の傾向がみられる。

　このようなことから、昨今熱中症の救急搬送人員が高く推移していることについて、短期的な気候の変化だけでは説明ができないようである。

2　熱中症の各界の動き

　消防庁が熱中症の救急搬送人員の調査を開始したのと時期を同じくして、平

成20年（2008年）には日本医学会が医学用語辞典WEB版に熱中症関連の用語を公開している。これによれば熱中症とは「暑熱障害による症状の総称」と定義され、以前から馴染みのあった熱射病は「体温上昇のため中枢神経機能が異常を来たした状態」で、日射病は「熱射病の中で太陽光が原因で起こるもの」とされている。また、平成27年（2015年）には日本救急医学会から熱中症の診療ガイドラインが発刊され、診断基準、予防及び治療法等が示された。この中には、医療機関での診断を目的としたI度（軽症）からⅢ（重症）という分類も記載されており、これは環境省が発行している環境保健マニュアルでも引用されている。このマニュアルは、熱中症による死亡者の増加などを受けて、令和6年（2024年）に改訂され、重症のⅢがⅢ及びⅣ（最重症）に分類されている。

　医学関係の動きには全く詳しくないが、社会的に熱中症が認知されるようになってそれほど年数が経っていないようである。猛暑と言われた平成22年（2010年）夏頃から、救急搬送の受入病院などで熱中症と診断される件数が急増し、熱中症の救急搬送人員の増加に結びついたと考えられなくもない。

厚生労働省や環境省の取り扱い

　厚生労働省では人口動態統計において熱中症の死亡人数を公表している。厚生労働省が用いている人口動態統計の中の死因分類は、「疾病及び関連保健問題の国際統計分類」（International Statistical Classification of Diseases and Related Health Problems、略して「ICD」）という国際的な基準に基づいて行っているが、その中に熱中症という分類はない。このため、ICD第10版の中で「自然の過度の高温への曝露」（コードX30）を死因とするものを熱中症による死亡数として公表している。

　一方、前記した日本医学会の定義によれば、熱中症関連の用語では重症の分類として熱射病や日射病が記載されているが、ICDではこれらは、「熱及び光線の作用（T67）」の中で明記され分類されている。また、熱中症に関連する分類としてほかに「人工の過度の高温への曝露（W92）」というものもあるが、この中に計上されている数字はほとんどない。これらは外因として捉えるか又は傷害の性質として捉えるかの違いであるが、どうも素人には分かりにくい。

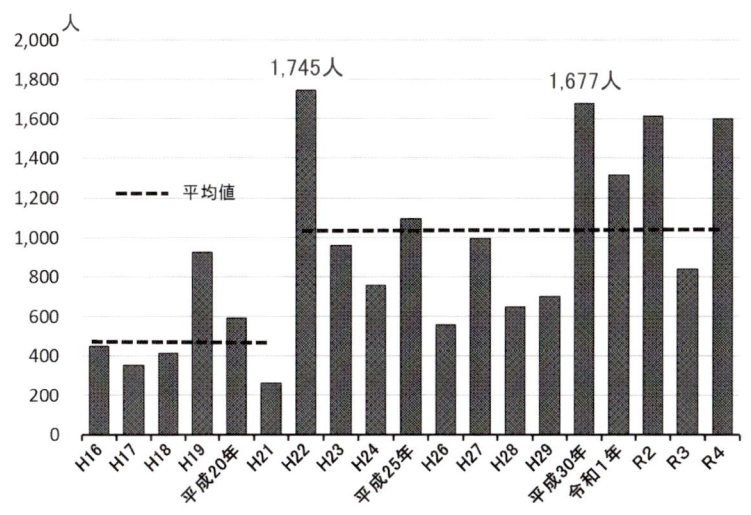

図8－3　熱中症（T67）による死亡者（人口動態統計）

　ちなみに環境省が発刊している「環境保健マニュアル2022」や「熱中症対策行動計画」では、後者のT67の数字を熱中症による死亡数と掲載している。X30とT67では、その経年変化にほとんど違いはみられないが、人数が若干異なっている。そして、これら二つのデータでも平成21年（2009年）以前と平成22年（2010年）以降では、その平均値に大きな違いがみられ、救急搬送人員と同じ傾向がみられる（図8－3）。

　なお、人口動態統計による死亡人数は死因として確定しているものであることから、消防庁が公表している死亡人数とは異なっている。

　救急業務を担っている消防職員として、熱中症について様々な取り扱いがあることを知っておいても悪くはない。

保険や共済での取り扱い

　令和3年（2021年）4月、ある保険会社が業界で初めて、熱中症を原因として所定の治療を受けた時にお見舞金を支払う専用保険を発売したとの報道があった。内容は熱中症に伴う治療と入院を対象とするもので、入院は1泊2日以上を対象としている。熱中症に特化した保険がなぜ出されるのかちょっと不思議に感じるが、その疑問を解くには熱中症に対する保険や共済の取り扱いを

少し理解しておく必要がある。

　かつて傷害保険や医療保険には熱中症についての記載はなく、日射病等として表現されることが多かった。そして、日射病等は事故的な要素がある事案として傷害保険の範疇に含まれるものと扱われるが、給付を行うものではなかった。

　傷害保険の対象となる事故はその要件として、一般的に「急激性」、「偶然性」及び「外来性」の３つが必要とされる。しかし、気象状況によって発症した日射病等はこの３つの要件を満たさないため、事故とは認められずに給付をしないという考え方である。

　具体的な例をあげると、通常の転倒で骨折したのであれば、傷害として保険金が給付される可能性があるが、屋外にいて熱中症が原因でふらふらして転倒し、骨折した場合には給付されないといったことになる。もちろん保険会社の商品に応じて取り扱いは異なるもので、熱中症による死亡事案が傷害保険の対象と判断され給付が認められた判例もある。

　しかし、昨今は様子が少し変わってきている。熱中症による入院や通院であっても保険金が給付されたり、傷害保険では特約が開発されて熱中症の事案でも給付が認められる商品が増えてきている。こうした動きは保険の監督官庁である金融庁でもお墨付きをする動きがみられ、令和２年（2020年）に金融庁から出されている「保険商品審査事例集」の中で、熱中症について「被保険者を問わず日常生活全般を補償する商品（通常の傷害保険）においても補償の対象とすることとした。」、その理由としては「熱中症は日常生活におけるけがと同様の状況下で生じる蓋然性があることから、通常の傷害保険において死亡リスクを含めて熱中症を補償対象とすることは妥当と考えられる。」と記載されている。

　猛暑の夏となった令和６年８月の報道では、保険各社による熱中症保険が急増して補償プランが拡充されているという記事が掲載されている。熱中症への保険給付が社会的に認知され確立されつつあることを物語っている。猛威をふるった新型コロナウイルス感染症に対する宿泊療養や自宅療養の保険金等の取り扱いについても金融庁から指導がなされたが、保険業界でも地球温暖化の取り組みの必要性と熱中症への取り扱いなど、社会の動きに合わせて契約者に対するサービスの向上が不可欠になっているということなのだろう。

　余談になるが、熱中症が医療保険の対象か傷害保険の対象か区分する一つの意義は、その支払いをどちらで受けるかということによって給付金額が変わってくる可能性があるというところに認められる。熱中症の診断が増えている昨今、自分の家族が加入している傷害保険が熱中症に対して支払いがされるのかどうか確認してみては如何だろうか。

3　熱中症の動きと消防の対応

　熱中症の取り扱いは様々な分野で大きく動いていることが認められるが、こうした動きは消防にとってどのような意義があるのだろうか。夏場になると熱中症の救急搬送人員が多くなり熱中症の救急搬送が定着している状況にあるが、前記したとおりこれまでの過程においては短期的な気候の変化と救急搬送人員の増加に必ずしも関連があるわけではない。平成30年（2018年）は猛暑日が異常に多くなったが、平成６年（1994年）にもほぼ同様の日数を記録している。

　これらから、救急業務に関して一つの推論ができないだろうか。日本救急医学会から示されている熱中症のⅠ度からⅢ度（現Ⅳ度）の症状 **（図8−4）** に該当する事案の一部が、以前は救急搬送人員の集計にあたり熱中症以外の疾病等として分散して集計されていたものと考えられる。

　現在では、熱中症の定義と熱中症を原因として起こる重症度に応じた症状が明確にされていることから、その原因と症状に当てはまる救急搬送事案がある程度熱中症として集約されるとともに、その中で軽症とされる症状が明確になっている。このことは、救急の緊急度判定を実施している消防本部にとってその判定対象と基準が外部の社会環境の変化によって明確になってきているということを意味してはないだろうか。さらに良いこととして、ホームページ上で意識障害など重傷と認められるⅢ度については救急車を要請し、Ⅰ度やⅡ度の場合は自らで医療機関の受診を勧める広報を行っている報道機関もある。消防以外でも救急車を利用する側へ、熱中症の軽症とは、あるいは危険な状態とはどのようなものなのかといった広報を進めているのである。

　重症度と救急搬送を結びつけている広報はそれほど多くないが、環境省発行のマニュアルをはじめ、多くの医療機関等のホームページでこの重症度分類を

熱中症の症状と重症度分類
（出展：日本救急医学会熱中症ガイドライン2015を改変）

	症状	重症度	治療	臨床症状からの分類
Ⅰ度（軽症） （応急処置と見守り）	めまい、立ちくらみ、生あくび 大量の発汗 筋肉痛、筋肉の硬直（こむら返り） 意識障害を認めない（JCS=0）		通常は現場で対応可能 →冷所での安静、体表冷却、経口的に水分とNaの補給	熱けいれん 熱失神
Ⅱ度（中等症） （医療機関へ）	頭痛、嘔吐、 倦怠感、虚脱感、 集中力や判断力の低下 （JCS≦1）		医療機関での診療が必要→体温管理、安静、十分な水分とNaの補給（経口摂取が困難なときには点滴にて）	熱疲労
Ⅲ度（重症） （入院加療）	下記の3つのうちいずれかを含む （C）中枢神経症状（意識障害 JCS≧2、小脳症状、痙攣発作） （H/K）肝・腎機能障害（入院経過観察、入院加療が必要な程度の肝または腎障害） （D）血液凝固異常（急性期DIC診断基準（日本救急医学会）にてDICと診断）⇒Ⅲ度の中でも重症型		入院加療（場合により集中治療）が必要 →体温管理（体表冷却に加え体内冷却、血管内冷却などを追加） 呼吸、循環管理 DIC治療	熱射病

軽症の症状が徐々に改善している場合のみ、現場の応急処置と見守りでOK

中等症の症状が現れたり、軽症にすぐに改善が見られない場合、すぐ病院へ搬送（周囲の人が判断）

重症かどうかは救急隊員や病院到着後の診療・検査により診断される

※Ⅰ度を軽症、Ⅱ度を中等症、Ⅲ度を重症として示しました。

図8−4　熱中症の症状と重要度分類
「環境保健マニュアル2022」から引用

　紹介していることは有り難いことで、こうした動きは、ほかの疾病等にはあまり見られないことである。熱中症に関しては、消防が行う緊急度判定、すなわち救急車の適正な利用への理解が得られやすい社会環境が整いつつあるという印象がある。

　また、関連して、救急対応時の観察のみならず、防災指導等における予防救急の指導の内容もより明確になっており、消防行政を進めるうえで一つの形ができつつある。

4　高齢者の熱中症対策

対策の課題

　消防白書によれば、熱中症の救急搬送人員で高齢者の占める割合は、経年変化では右肩上がりの状況にある。環境省のデータによれば、死亡者の8割以上が高齢者となっている。

　確かに、最近では一人暮らしの高齢者が熱中症で死亡したとする報道が多く感じられ、重大な社会問題として取り上げられている。

　このため、とりわけ高齢者に対して熱中症対策が精力的に行われているが、救急搬送の傾向を見る限りまだ明確な成果は見てきていない。夏場になると再三にわたり「エアコンの適切な使用」が呼びかけられるが、高齢者宅におけるエアコンの使用に関する課題はまだ解決されていないものが多い。改めてまとめてみると、

　・エアコンが普段から使用されておらず、窓も締め切った状態であった
　・エアコンの設定温度が高温（30℃超え）になっていた
　・暖房モードでエアコンを使用していた
　・夜、エアコンがない温度の高い部屋で寝ていた
　・家族がエアコンを入れても本人が切ってしまい、そのままにしていた
　・エアコンが故障していた。ブレーカーがとんでいた
　・エアコンを設置していない。

などである。

　これらから高齢者の思いや動きを少し想像してみると、防犯や電気の使用量・電気代を気にしている、エアコンをつけるという配意がない又は忘れていた、リモコンの使い方を間違えている、リモコンが冬の使用状態のままになっていた、夜間は涼しくなる又は昔はエアコンを使っていなかったという思いが続いている、一人暮らしで契約電力が少ない、などといったことが考えられる。

　仮に、上記のようなことがあるとすれば、情報を与えるという形の一般的な広報だけでは十分な効果が期待できそうもない。まして、ホームページなどを見ない、広報チラシをどこかに置いてしまった、などということになれば、いざ必要な時にその内容に気づき実行に移されない可能性は高い。

　自治体によっては、エアコンを設置していない高齢者宅に対して、設置費用の助成や設置補助といったかなり手厚い対策を行っているが、高齢者特有の状況を考慮してさらに踏み込んだ対策を進める必要がある。

一つの取り組み

　高齢者は暑さを感じにくくなるとのことであるが、そもそも暑さを感じなけ

れば室内の温度を下げる必要性に気づかず、自らエアコンのスイッチを入れようとしない行動特性を別の方法で補わなければならない。

　エアコンは基本リモコンで操作をするが、このリモコンに課題はないだろうか。リモコンには多くのボタンがあり、ボタンや印字が小さいものもある。冷房・除湿・暖房・自動といったボタンの色はメーカーによって異なり、比較的薄い色が使われていたりするが、中にはボタンの色がすべて白というものもあり、ボタンが小さければ押し間違える可能性は多分にある。高齢になると薄い青い光が見にくくなると言われるが、冷房や除湿のボタンの薄い水色や黄緑色はしっかりと見えているだろうか。

　エアコンだけでなく、最近は扇風機もタイマーや風量など電子操作するものが多くなっているが、リモコンが付属されていることによるものか、本体の表示が小さく見にくくなっている上に操作が分かりにくい。昔の扇風機は、入切や風量のボタンを押すか回すかの操作で行い、風向はファンの部分を手で動かして変えるもので、実にシンプルな作りだった。

　また、リモコンの液晶表示はほとんどが白黒で、中には表示が薄かったり字が小さかったりするものもあり光の加減によっては見えにくい。これはデジタル温度計の表示も同様で、高齢者になれば一般的に薄い色が見にくくなり、例えばガスの炎の薄い部分が見えにくくなって着衣着火につながるおそれが高くなるが、液晶表示も高齢者がエアコンの操作を誤る一つの原因になっているのではないだろうか。これらリモコンの改善はメーカーの開発に期待するしかない。

　いずれにしても、高齢者のエアコン対策は可能な限りソフト面でカバーするしかない。例えば、

・温度管理のため、表示の大きな見やすい温度計を置いてもらい、室温が分かるようにする。デジタル時計では、複数のデータが表示され、温度部分の表示が小さく見えにくいものが多いため、温度表示の部分を枠で囲ったりして認識しやすくする。

・エアコンの操作ボタンは、夏場と冬場でどれを押すか分かるよう枠を作ったり、押す必要のないボタンを容易に押せないように厚紙などで覆ったりする。

・広報チラシは細かい字の印刷物を配付するのではなく、できるだけ大きな字でポイントだけを記載したものとし、高齢者の生活する部屋の見える場所に

常時貼り出す。

・家族が同居していたり近くに対応できる人がいれば、毎日エアコンを操作し
 たり、運転していることを確認する。もし家族が遠方にいるならば、スマー
 トフォンを使って運転を管理できればベストである。

　これらの対策を進めるにあたり、当然のことながら地方自治体の保健所や健
康増進部門、消防機関等が連携を密にし、役割分担をしながら地域の協力を得
ることが不可欠となる。

まとめ

　熱中症や各種の感染症などの脅威もあって、高齢者は住宅内にいることが多
くなる環境にある。特に、為替の変動や海外情勢を受けて電力及びガスの料金
が大幅に上昇しており、さらには老朽化した火力発電所の休廃止による節電が
呼びかけられる中で、高齢者にとってはエアコンの使用を控える要素が増加す
ることになり、救急搬送の増加につながらないか懸念される。

　東日本大震災が発生した平成23年（2011年）は省エネが呼びかけられた夏
となったが、猛暑日の日数が少なかったこともあり、救急搬送人員はそれほど
多くならなかった。しかし、熱中症による救急搬送が急増する中で、緊急度判
定に取り組んでいる消防としては、比較的軽症の多い熱中症にどう取り組むか
喫緊の課題である。

　高齢者に対する熱中症対策としては情報を提供するという方法だけではな
く、高齢者の特性を踏まえ、対策の必要性が「見える」、「気づく」ようにし、
高齢者に代わって「エアコンを操作する」など、工夫した取り組みがその効果
を高めることになる。

特別警戒にもデータの蓄積による理論構築の試み

　国内で行われるスポーツや催し物等のイベントでは、大きな感動を生む陰で安全で安心な大会運営を支えるため、消防機関によって火災等の災害を予防する活動と万一災害が発生した場合に被害を最小限に抑えるための特別警戒が行われている。対象となるイベントは実に様々で、町のお祭りやパレードなどの地域の行事から、スポーツイベントやコンサート、そしてオリンピックや各種のワールドカップスポーツ大会のように複数の会場で同時に開催される国際的かつ大規模なものまでその範囲は幅広い。

　イベントには多くの人が集まり、また、仮設の構造物が設置されるなど通常とは異なる空間が作られることから災害等が発生する可能性が高くなる。このため、災害等が発生した場合には、通常の消防体制では初動措置が遅れ被害を拡大させるおそれがあることから、特別の対応が計画される。

　特別警戒において想定対象となる災害等は、火災や爆発、テロ災害、自然災害などの災害のほか、傷病者の救急対応である。これらの想定にあたっては、イベントの中心となる競技や催し物の種類や規模はもとより、開催の季節・曜日・時間帯、気候、使われる施設の形態、屋外・屋内の別、火気使用の有無、参加者や観客が国内だけか海外からも来るのか、観客等の動き方、着席の有無、年齢層など、様々な要因を考慮して、災害発生の危険性と傷病者の発生可能性を予測しながら行うことになる。

　日本イベント産業振興協会の資料によれば、イベントの消費規模推計は、コロナの影響を受け令和2年（2020年）から令和3年（2021年）にかけて減少しているものの近年は着実に増加傾向にあり、消防機関が行う特別警戒の重要性は年々高まっている（図9−1）。

　2022年10月に韓国で大規模な群衆事故が発生し、その後は国内各地で人が多く集まる催しでは警備が強化されている。雑踏警備は基本警察機関の業務であるが、様々な事故を経験している消防として、火災等の予防や災害による人的被害を軽減するための予防救急に関する関係者へのアドバイスは、大きな意味を持つ。

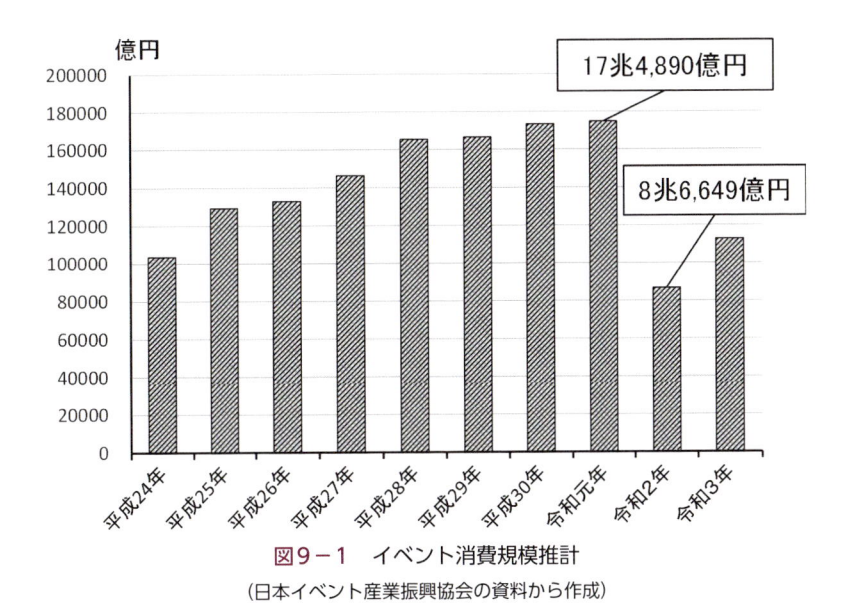

図9-1　イベント消費規模推計
（日本イベント産業振興協会の資料から作成）

　多くのイベントでは、これまで消防本部が蓄積してきたノウハウをもとに主催関係者に対する予防救急や警備上のアドバイスを行ってきたことで安全への取り組みの向上が図られるとともに、特別警戒が効を奏し、最近では目立った大規模災害の発生は起きていない。しかし、特別警戒の対象となるイベントはそれぞれ特徴があり想定される災害も多様となっていることから、常に万全な特別警戒が必要であることは今後も変わることはない。

　大規模なイベントでは、主催関係者の要請により消防職員や救急車両等を関係施設に配置して対応する場合も多い。救急出場件数が逼迫している中で、ほかの地域への影響が少なくなるよう、より効果的に特別警戒を行う手法を考えることも欠かせない。これまでのオリンピックやワールドカップスポーツ大会などのイベントにおける救急対応の経験と実績を踏まえ、今後に資する有効なデータを見いだすことはできないだろうか。

1　救急搬送の発生状況

　イベントごとに想定される災害は多様である。最近では、平成25年（2013年）8月京都府福知山市での花火大会で起きた爆発事故により60人近くの人が死

傷した事故が記憶に新しい。大規模な花火大会や多くの屋台が出るお祭りであれば、こうした火災や爆発事故を想定しなければいけない。

海外のアスリートが参加するスポーツイベントでは、テロ災害の発生も想定に入れなければならないが、水際での安全対策がかなり進んでいることから、その可能性は必ずしも高くない。油断はできないが、結果的には参加している選手やスタッフ、観客等の救急事案が多く、熱狂的なコンサートも観客の救急対応が主となる。

あらゆるイベントに共通した特別警戒体制について適切な解を見いだすことは容易でないが、救急対応について若干整理してみたい。

令和3年（2021年）に開催された第32回オリンピック競技大会（2020／東京）では、参加選手数が1万5,823人、観客数は5万8,000人と公表されている。これに対して選手及び観客を併せた医務室の受診件数はオリンピックが1,480件、パラリンピックが376件の計1,856件、病院救急搬送の件数は、オリンピックが68件、パラリンピックが21件の計89件と報告されている **(表9−1)**。

なお、観客数は延べ人数であるが、参加選手の数には複数の競技に参加をしている選手がいることから、延べ人数はさらに大きな数字になる。

また、近年の大規模なスポーツイベントの医務室等の受診件数と救急搬送の件数（人数）は**表9−2**のとおりである。これらの数字から、医務室等の医療体制が整っていれば軽症患者の搬送は減ることになり、医務室等の受診件数と比較して救急搬送がさほど多くないことが分かる。

これらのデータをもとに、救急搬送の発生率を計算したものが**表9−3**である。東京オリンピック及びパラリンピックを除けば、3つのイベントとも概ね2万人以上に対して1人の救急搬送となっている。ラグビーワールドカップ2019大会で

表9−1　東京オリンピックにおける受診件数及び救急搬送件数

■オリンピック
▶医務室受診件数
　　選手用　６２８件
　　観客用　８５２件
▶病院救急搬送　　６８件
　　入院　２３件
■パラリンピック
▶医務室受診件数
　　選手用　１９３件
　　観客用　１８３件
▶病院救急搬送　２１件
　　入院　１２件

表9-2　大規模スポーツイベントにおける受診件数と救急搬送件数

大会	参加選手総数	観客総数	医務室等受診件数（選手、観客等）	救急搬送件数
ラグビーワールドカップ（2019/12会場）	620人（※）	380,502人（東京開催分）	15件（東京開催分）	5件（東京開催分）
ワールドカップサッカー（2002/10都市）	736人（※）	1,438,637人	1,345人	63件
オリンピック及びパラリンピック（1998/長野）	2,305人	1,442,700人	5,968人	68件（ヘリ搬送5件を含む）

◇参照資料
　東京2020オリンピック・パラリンピック競技大会公式報告書、東京2020大会の振り返り
　2002FIFAワールドカップ™大会報告書
　第18回オリンピック冬季競技大会公式報告書及び長野オリンピック冬季競技大会医療資料集1998
※登録人数と参加国数から算定

表9-3　大規模スポーツイベントにおける救急搬送状況

大会	救急搬送状況（総数）	救急搬送状況（観客）
オリンピック及びパラリンピック（2020/東京）	概ね1人/800人	－
ラグビーワールドカップ（2019/東京開催分のみ）	概ね1人/70,000人	－
FIFAワールドカップ（2002/10都市）	概ね1人/23,000人	－
オリンピック及びパラリンピック（1998/長野）	概ね1人/21,000人	概ね1人/80,000人

は、東京開催分はさらに少なく、横浜開催分では概ね2万5,000人に1人という結果であった。なお、極めておおざっぱな計算で、競技の種類ごとに観覧の時間の長さや昼夜の別、開催場所、気温等の気象条件などの開催条件が各イベントにおいて違いがあることは考慮に入れていない。救急搬送のうち選手と観客の内訳については、長野オリンピックの報告書に記載があり、63件のうち選手が20件、観客が18件となっている。それぞれの搬送人員を1人と仮定すると、観客については救急搬送の発生割合が約8万人に1人とかなり低くなっ

ている。また、参加選手は2,305人で、単純に計算すると概ね130人に1人が救急搬送されたことになる。発生率となれば、複数の競技に参加している選手もいるのでその数値よりも低くなる。いずれにしても、選手の救急搬送の発生率は観客と比較してかなり高いことが分かる。各イベントの開催日数に対する1日あたりの救急搬送は、いずれも2件から3件以内でかなり少ない。

東京オリンピック及びパラリンピックでは、同様に約800人に1人と計算されるが、これは、基本的に無観客で開催されたため、選手の救急搬送の割合が高くなっていることが関係している。

このほか、横浜で開催された過去の国際的な水泳大会や陸上大会の事例でも、概ね観客数2万人に1人程度の救急搬送が発生しているものがあった。

イベントにおける救急搬送の発生率は、一般の救急搬送と比較してどうなのだろうか。例えば、横浜市の人口と横浜市を訪れる観光客数に対する年間の救急搬送人員をもとに発生率を計算してみる。年間に複数の救急要請をしている人もいることから正確に算出することはできないが、人口に対して観光客数は1桁多く、仮に人口1人あたり複数回要請することを考慮して計算してみると、発生率は200人から300人に1人程度という数字となる。

これらから、イベントにおける観客の救急搬送の発生率は、日常における救急搬送の発生率よりも相当低いと言えそうである。おそらく、イベントの来場者は病気等に罹患していない健康な人達が多く、また滞在時間が数時間程度と短いことなどが関係しているのではないかと推測される。

スポーツイベント以外では、大規模な花火大会や比較的若い人達を対象とした7万人を超えるようなコンサートでも、救急搬送は数万人に対して1人という結果がでている。

こうしたイベントでは何らかの突発的な動きをきっかけとする群衆事故が心配になるが、主催者の運営管理と消防機関等による特別警戒が確実に行われていれば、あとは個別の救急対応ということになる。

救急対応で若干考慮すべき点は、イベントの実施の時期である。夏場の花火大会等では暑さが増してくる7月に開催するものと、暑さに体が慣れてくる8月に開催するものとでは救急出場件数が明らかに異なる。当日の気温の高ければ、救急出場件数が増加することは、通常の熱中症の対応と何ら変わらない。

長野オリンピック及びパラリンピックでは医務室等を利用した選手や観客等5,968人のうち、呼吸器系の疾患が3,230人で約54％を占めており、寒さという気候条件が影響したことをうかがうことができる。ちなみに選手においては負傷が最も多かった。

　一部のデータを整理したものであるが、大規模イベントにおける観客の救急出場の発生率は、日常の救急出場の発生率よりもかなり低いと言えそうだ。このため、観客ということを重点に置くイベントであれば、通常の消防体制の中での救急出場で対応できる場合が多いと考えられる。

2　スポーツにおける負傷等の発生状況

　スポーツイベントでは、特別警戒の救急対応は選手に対するものが重要になってくる。スポーツの種類ごとに救急出場件数がどの程度発生しているのかというデータはなかなか見いだすことは難しいが、一つの指標として高等学校におけるスポーツごとの負傷及び疾病の発生率を見てみる。

　図9－2は、日本スポーツ振興センターが高等学校の生徒に対してある年度

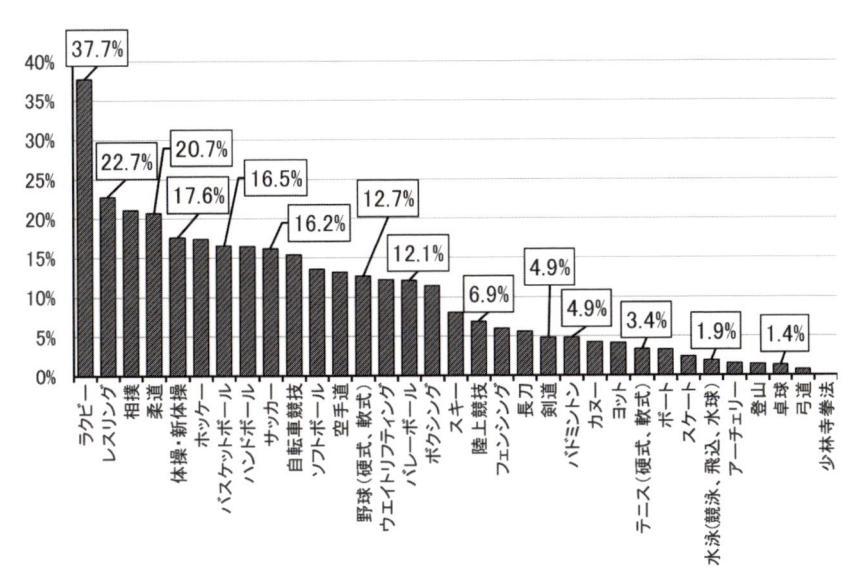

図9－2　高等学校の運動系部活動における負傷等の発生状況

内に最初に医療費の給付を行った負傷・疾病の件数（死亡は含まない）について、当該年度の全国高等学校体育連盟の加盟登録人数と日本高等学校野球連盟への登録人数により発生率を計算し、平成28年（2016年）度から令和4年（2022年）度までの7年間を平均したものである。

これによると、ラクビー、レスリング、柔道、体操などの負傷及び疾病の発生率が高く、卓球、水泳、テニスなどは発生率が低い。

大学スポーツ協会が公表しているスポーツ外傷の資料（2022年3月）では、2021年における外傷の1クラブあたりの平均発生件数は、サッカー、ラクビー、アメリカンフットボールで多く、テニスや水泳では低くなっており、上記と同様の傾向がみられる。

水泳は、競泳、飛込及び水球が含まれた数字であるが、飛込及び水球は負傷の発生率が高く、競泳では負傷の発生率は低いと関係者から聞いたことがある。かつて、横浜市で12か国が参加し6日間にわたり競泳行う国際的な水泳大会において救急車を配置すべきかどうか検討を行った時のことである。

この大会は、収容観客数が約4,000人程度の施設を使用して競泳だけを行うというものであった。上記のとおり、競泳では負傷の発生が少ないとの情報を得ていたことから、それまで横浜市が行ってきた特別警戒のデータを踏まえたうえで会場に特別に救急車を配置しないという判断をし、通常の救急体制で臨むこととなった。様々なデータをもとにした特別警戒の計画が適切なのか不安があったが、結果的には期間中選手1人が軽症で救急搬送されたのみで、データに基づく一つの考え方が裏付けられることとなった。

スポーツの種目に応じた事故等の発生危険性を踏まえて特別警戒を考えることの重要性を体感した事例であった。

3　効果的な救急対応の検討

大規模なイベントでは、傷病者発生時の救急対応が迅速に行えるなどの理由から、救急車の配置を要請される場合がある。中でも国際的なスポーツ大会では、時として開催要項の中に救急車の必置の記載があることから、データが示されないまま配置を了承せざるを得ないこともある。

救急車を配置する以上は、より有効な救急活動を行うために、それ以前の大

会においてどの競技でどのような負傷事故が発生しているのかといった、競技ごとの事故発生率や程度などのデータを主催者は消防側に提供して欲しいものである。

救急車を配置するかどうかは、そのデータをもとに事故発生時に通常の体制よりもスムーズかつ迅速に救急対応が実施できるか検討したうえで答えを出すべきである。

多くの消防本部で承知のことと思うが、救急車の配置にあたって留意点としては、次のようなものが考えられる。

救急車の配置場所

競技が一定の施設内だけで行われる、柔道やレスリング、あるいはサッカーやラクビーなどであれば、その施設付近あるいは医務室付近に救急車を配置することになる。一方、自転車競技（ロード）、マラソン、トライアスロンのように競技エリアが数キロメートルあるいは数十キロメートルに及ぶ種目では、救急車の最適な配置場所を決めるのは実に難しい。通常医務室のある本部（ゴール）付近に配置をすることが多くなるが、本部から遠いところで事故が発生すると、通常の体制からの出場した方がより早く現場到着できるということになりかねない。

マラソンや障害者競技等では、競技の動きに合わせて、救命士や医師等とともに救急車を並走させている例がある。極めて有効な方法であるが、トライアスロンの水泳や自転車競技では、使用する会場設定や道路事情などにより必ずしも並走できない場合もある。

救急車を配置する場合は、通常の救急の最適化施策と同様に、競技エリアのどの場所で負傷事故が発生する可能性が高いのかというデータをもらって、到着時間を最も短縮することができる配置などについて、十分に検討する必要がある。

会場エリア内へ出入り

広範囲に競技が行われる種目では、観客が沿道に立ったり、または車両の通行止めなどにより、競技エリア外からの救急車の進入経路が限定される場合が

ある。これは、救急車をエリア内に配置しておくことの一つの理由でもある。ただ、仮に相当な混雑のためにエリア内への進入もエリア外に出ることも容易でない事態が想定されるならば、そもそもエリア内に救急車を配置する意味が薄れてしまう。

このような事態を踏まえ、救急事案が発生した際の会場エリア内への出入り経路や方法については、あらかじめ主催者や警察機関等との協議の中で決めておくことが大切である。

救急車の出場時の対応

救急車は、通常の警備体制とは別に非番又は当直の職員を振り分けて非常用の救急車を使って配置することも多い。、管轄の消防署の体制が許せば１台程度の配置であればそう困難なことではない。

気がかりなのは、１台を配置して救急事案が発生し、その救急車が配置場所から出場した後の対応である。それが観客への対応となれば、選手等の重症度の高い事案に迅速に対応できる体制を構築したとしても、場合によっては期待する救急対応ができなくなってしまうことになる。

イベント会場において救急事案が発生し、搬送前に医務室において診察が行われたとしても、車内での観察やヒヤリングから始まり、搬送病院への連絡、搬送後の院内での処置支援と程度の確認などを行う必要がある。プロトコルは若干緩和されることになるが、最低でも１時間から２時間は配置場所に戻ることはできない。

その空白時間に対しては、代替の救急車を配置させるのか、あるいは近隣の署所に確保するのか検討しておく必要がある。

近隣での救急要請時の運用

イベント会場に救急車を配置した際に、直近の住戸や事業所等において重症の事案の要請があった場合は、どう対応すべきだろう。

あくまでイベント対応としての救急車なのだから出場させないという運用方法もあるし、状況によっては出場させて、別の救急車あるいは同時出場の消防車両が到着後に引き継ぎを行い、イベント会場に引き上げるという方法も考え

られる。事案が発生していないイベント会場の対応を優先するか、実際に発生している直近の事案を優先するのか判断に迷うところである。

　人員や非常用車両に余裕のある消防本部であれば、救急車の配置について様々な方法が考えられるが、緊急性の高い事案が直近で発生すれば、住民感情として「どうして近くに救急車があったのに出場させなかったのか」ということを消防が問われる可能性も否定できない。

　救急出場件数が急増し救急車の運用が厳しい状況の昨今、イベントを引き受ける消防本部では詳細に検討し、シミュレーションしておかなければいけない点である。

まとめ

　新型コロナウイルス感染症によって令和2年（2020年）から令和4年（2022年）にかけて多くのイベントが中止され、東京オリンピックにあっては1年延期の上、無観客開催という経過をたどることとなった。しかし、令和4年（2022年）秋頃からは様々な経済活動や日常での活動等を徐々にコロナ禍以前に戻す動きが見られ、各地で中止されていたイベントも再開する動きが広がっている。令和5年（2023年）1月には政府において大規模イベントの収容人数制限の撤廃が決定され、同年5月には新型コロナウイルス感染症について「感染症の予防及び感染症の患者に対する医療に関する法律」に定める5類感染症としてインフルエンザと同じ扱いにするということが決まった。

　イベントは経済を活性化し日常の生活に潤いを与えるなど、社会活動において欠くことのできない機能である。このため、それを安全面から支える消防の役割はより一層大きくなっていく。

　イベントの増加に伴い、主催者からの救急車の配置等の要請も増えていくと推測されるが、救急出場件数が急増しているいま、イベントにおける救急対応のあり方についてこれまでの実績と経験を踏まえ、しっかりと理論構築をしながらより効果的な方法を見いだしていくことは有意義なことである。

　そのために、消防として自らの管轄地域で実施されるイベントにおける負傷や疾病の発生率のデータを積み上げることはもちろんのこと、全国の各種イベントにおける救急需要を共有して分析することが不可欠である。消防本部ごと

に体制や救急車の運用方法が異なり一律な正解を導き出すことは簡単ではないが、イベントにおいては主催者が医務室等を設置し対応することにより、多くの場合通常の体制からの出場で足りると考えられる。ただ、国や自治体が主催するイベントも多く、救急車の配置要請を断りにくい状況もある。このため、主催者に対して救急車の逼迫状況や運用等についてしっかりと説明するとともに、主催者が当該イベントにおける負傷事故等の発生状況のデータを消防側に提供する気運を高めていかなければならない。

第10 消防活動の変貌と特殊公務災害の意義

　地方公務員法に基づく一般職である消防職員や非常勤特別職である消防団員が、公務において殉職したりけがをした場合には、それぞれ地方公務員災害補償法及び消防組織法に基づく非常勤消防団員等に係る損害補償の基準を定める政令を基準とした各市町村の条例によって治療の費用や残された家族への生活補償がされることになっている。その中で、火災等の災害に立ち向かうという高い危険性を有する業務を担っている消防職員や消防団員（以下「消防職団員」という。）には、一般の地方公務員とは異なる特殊公務に従事する場合の特例が定められている。

　消防職員にあっては、昭和47年（1972年）6月の地方公務員災害補償法の一部改正により規定されたもので、公務災害の発生した原因が一定の要件に該当する場合には、特殊公務による災害として、傷病補償年金、障害補償及び遺族補償について、等級等に応じて特例的に40/100～50/100の範囲で加算するというものである。その要件は、同法第46条に規定され、「生命又は身体に対する高度の危険が予測される状況の下において、火災の鎮圧そのほかの政令で定める職務に従事したため公務上の災害を受けた場合」とされている。政令で定める職務とは、火災の鎮圧のほか、天災等の発生時における人命の救助そのほかの被害の防御となっており、このほか政令第10条に基づき国際緊急援助隊の派遣に関する法律第2条に掲げる国際緊急援助活動として救助活動等に従事し公務上の災害を受けた場合にも適用になる。

　また、消防団員にあっても非常勤消防団員等に係る損害補償の基準を定める政令が同時に改正された。要件は同政令第11条の2に規定され、「生命又は身体に対する高度の危険が予測される状況の下において、火災の鎮圧又は暴風、豪雨、洪水、高潮、地震、津波そのほかの異常な自然現象若しくは火災、爆発そのほかこれらに類する異常な事態の発生時における人命の救助そのほかの被害の防御に従事し、そのため公務上の災害を受けた場合」とされており、加算される区分と加算率は消防職員と同じである。これは、非常勤水防団員に対し

ても適用がされる。

　それぞれ該当となる要件の表現はやや異なるものの考え方はほぼ同様であり、整理すれば火災の鎮圧のほか、自然災害等の活動において「生命又は身体に対する高度の危険が予測される状況の下」であること、「人命の救助そのほかの被害の防御」が行われたことが要件となる。ただ、消防団員にあっては、自然災害の種類が列挙されているほか「爆発そのほかこれらに類する異常な事態の発生時における人命の救助そのほかの被害の防御」とやや具体的に災害の種類が示されているが、消防職員にあっては天災等と表記されるにとどまっている。

　この特殊公務災害は、制定当初は殉職者及び公務により障害となった者のうち、かなりの割合に該当すると想定されていたが、近年では東日本大震災による公務災害を除いて該当するとされた例がさほど多くないようである。特殊公務災害に該当するかどうかは法律や政令の規定をもとに、その都度事案に応じて判断されている。

　災害に対する消防活動においては、装備などの改善や安全管理の考え方が広く浸透してきて、殉職といった重大な公務災害が着実に減少の傾向にある一方で、災害の様相が変化し消防活動も変貌してきている事実があり、特殊公務災害の要件がこれからどうなるのか気になるところである。

1　公務災害の発生状況

　急速に経済が成長し、また大がかりな都市開発が全国的に行われた昭和40年代には大規模な火災等や風水害による被害が各地で発生し、活動を行う消防職団員は困難な災害対応を余儀なくされた。最大で年間50人を超える殉職者に加え重度の障害が残る者が多数発生する事態となった。その後今日に至り、東日本大震災の発生した平成23年（2011年）には多くの消防職団員が殉職されたが、そのほかの年では公務による死亡等の発生は着実に少なくなってきている（図10－1）。

　消防の長い歴史の中で、装備等の開発や普及はもちろんのこと、殉職事故に伴って民事・刑事上の責任を問われる事案が発生したこともあり、ソフト面からの対策も進んでいる。昭和58年（1983年）7月には消防庁から安全管理体制の整備を一層進めるため、「安全管理体制の整備について」が通知され、そ

の内容として、安全管理に関する規程（案）、訓練時における安全管理に関する要綱（案）及び訓練時の安全管理マニュアルの3つが示され、翌年には警防活動時等における安全管理マニュアルも通知されている。この二つのマニュアルは事故等を教訓に度々改正され今日に至っている。

　一方、昭和47年（1972年）には消防操法の基準が制定され、時期を同じくして同年から全国消防救助技術大会が開始された。これをもとに消防本部ではポンプ操法等の訓練が繰り返し行われ、また全国消防救助技術大会は今日ではその役割等が変貌しているものの長年にわたり開催されてきている。これらが全国の災害活動面における安全管理の概念を実地面から浸透させた役割は極めて大きい。

　消防職団員の殉職者の発生率（1万人あたり）を比較してみると、消防団員の人数が多いこともあり全体として消防職員の方が高い**（図10－2）**。消防団員の殉職者は、東日本大震災関係で多く発生したため最近10年間では増加しているが、長期的な視点では減少傾向にある。また、消防職員は昭和40年代に多く発生したが、その後は横ばいか、やや増加傾向になっている。

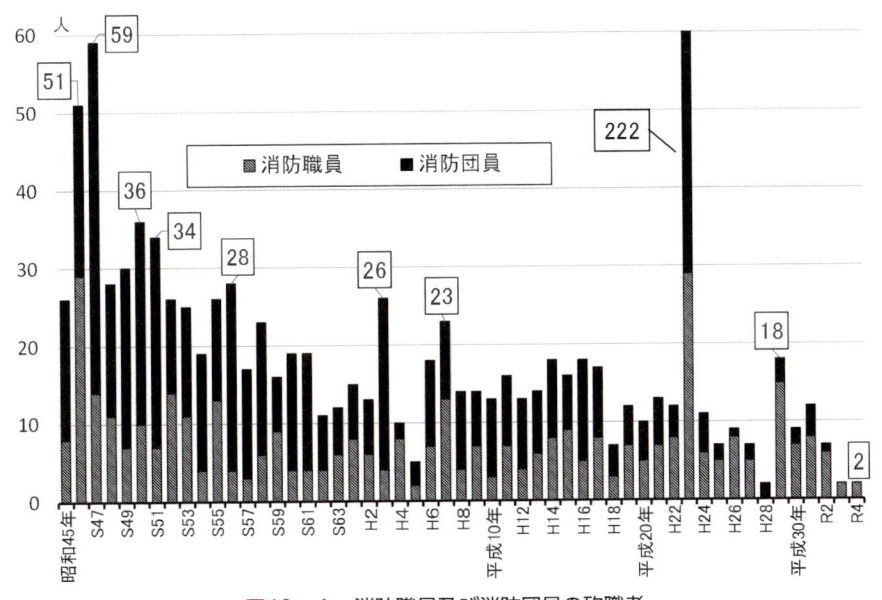

図10－1　消防職員及び消防団員の殉職者

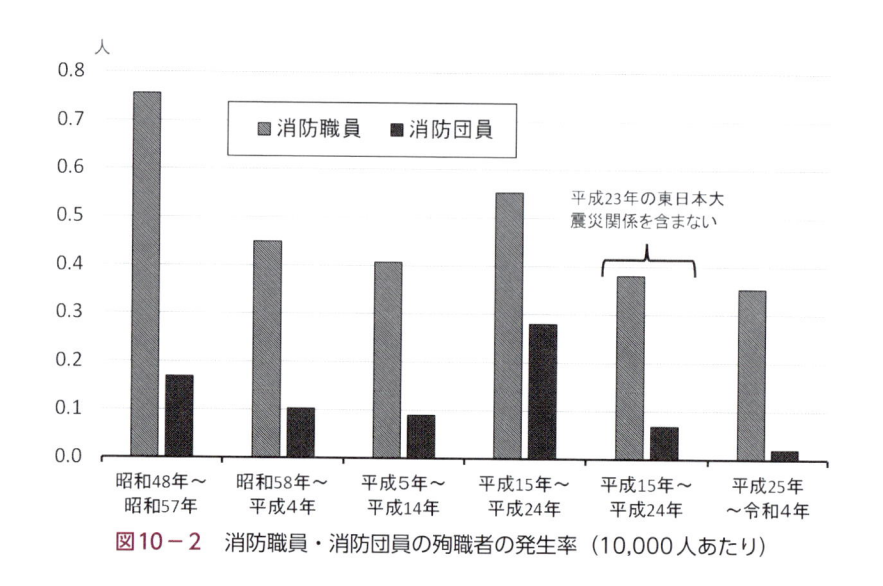

図10−2　消防職員・消防団員の殉職者の発生率（10,000人あたり）

　なお、消防団員にあっては、消防白書に記載されている平成23年（2011年）及び平成24年（2012年）の風水害等の災害による殉職者数と東日本大震災による殉職者数とは一致してはいない。また、公務災害の「災害」とは、被災者の身体上の災害をいうもので、一般的な「災害」とは定義が異なることに注意が必要である。

　殉職者の主な発生区分（図10−3、図10−4）では、消防職員では相変わらず火災によるものが多く、演習・訓練によるものの割合が増加傾向にある。また消防団員では、全体的に減少傾向にあるものの、東日本大震災関係を除けば、演習・訓練の割合高い。特に最近10年間では火災による殉職者はいない。火災活動を消防職員が担う割合が高くなっている傾向があることに加え、火災に対応する機会が減少していることが影響していると推測される。

　消防職員の公務による負傷者は、令和4年（2022年）に1,253人で、単純に平均すると1つの消防本部あたり年間2人以下まで減ってきている（図10−5）。安全管理の考え方が浸透していることがうかがえるが、さらに少なくするためには殉職事故対策も含めてきめ細かな側面にも配慮しながら対策を進めていく必要があり、とりわけ火災と演習・訓練へ重点を置くことが求められそうだ。

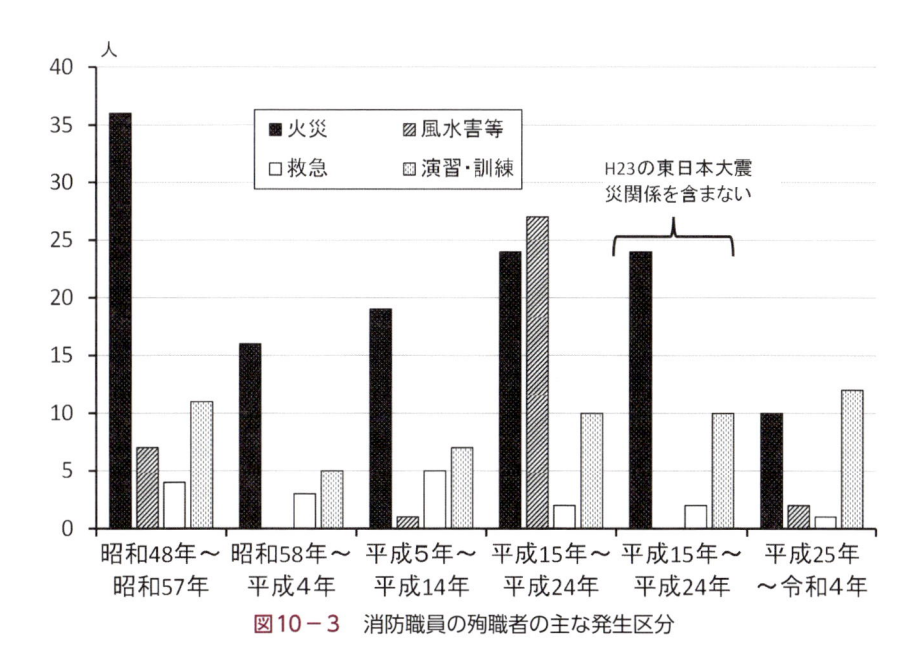

図10－3　消防職員の殉職者の主な発生区分

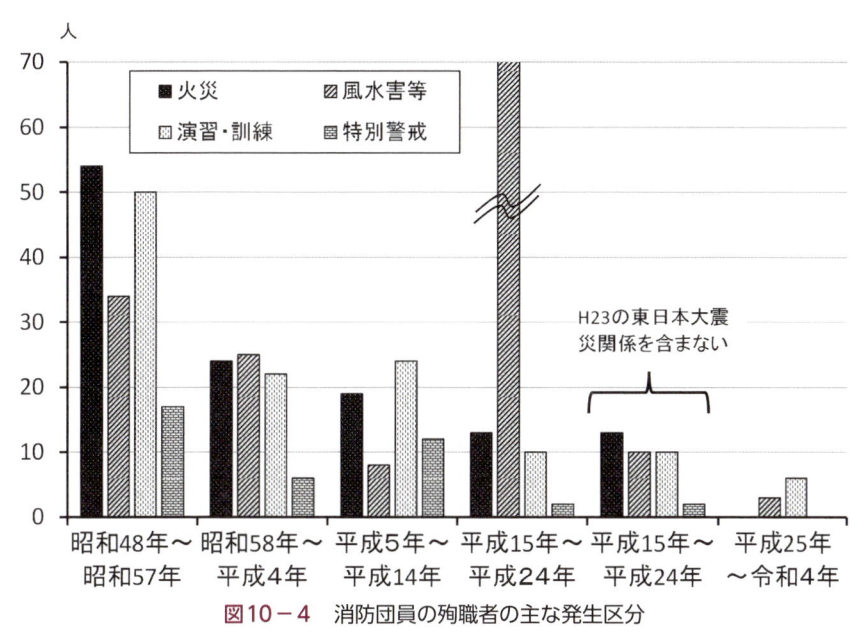

図10－4　消防団員の殉職者の主な発生区分

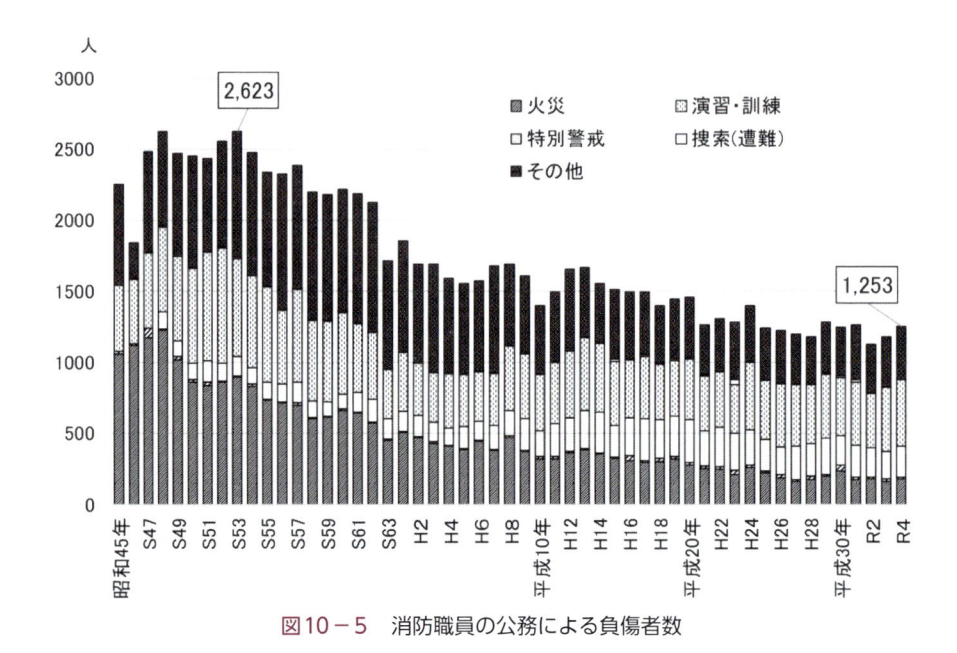

図10－5　消防職員の公務による負傷者数

2　特殊公務災害の認定状況

　公務により殉職された消防職団員のうち、特殊公務災害に該当するとされた者はどの程度いるのだろうか。

　地方公務員災害補償基金及び消防団員等公務災害補償等共済基金が公表している資料によれば、近年において、特殊公務災害に該当した事案が特に多かったのは東日本大震災における公務災害である。

　東日本大震災は大規模な地震と津波という自然災害によって、広域的に被害が発生するとともに、消防職団員が行った活動の危険性がかなり高くなり、その上被災された消防職団員の活動内容を詳細に捉えることが難しいといったこともあったのだろう。公務災害と認定されたほとんどの消防職団員が該当するに至っている。特殊公務災害に該当するとされたのは、地方公務員にあっては公務災害に認定された283人のうち、消防職員、警察職員及び災害応急対策従事職員などを合わせ246人（平成27年4月30日現在、国会答弁記録による。）、

消防団員にあっては公務災害と認定された197人が該当している。

　東日本大震災記録集（消防庁、平成25年3月発刊）によれば、殉職した197人の消防団員の活動内容としては、水門閉鎖や救助・避難誘導のほか、水門閉鎖後の移動や避難途中、出勤途上などとしており、通常の大規模災害とは異なる特殊な災害の中での活動ということもあったのか、幅広い活動で特殊公務災害に該当している。

　また、東日本大震災以外の災害では、前記したそれぞれの資料によると、消防職員は平成27年（2015年）から令和2年（2020年）までの6年間で4人が該当し、また消防団員は平成28年（2016年）以前の20年間で5人が該当したとしている。

　消防白書によれば平成27年（2015年）から令和2年（2020年）までの消防職員の殉職者数は41人であった。このうち白書の区分で火災又は風水害等の災害と区分されているのは10人となっており、この中に特殊公務災害に該当する者が含まれているのだろうか。また、消防団員の殉職者数は、20年を平成27年までと捉えると、東日本大震災関係を除いて約120人で、同じく火災又は風水害等の災害での殉職に区分されているのは約30人、職員と同様にこの中の殉職者が特殊公務災害に該当していると考えられる。事情が異なるとはいえ、東日本大震災関係では活動していた消防職団員のほとんどが該当したとされている一方で、それ以外の災害では特殊公務災害に該当した割合はさほど高くない。給付の対象となる遺族等がいるかどうかなどの事情はあると思うが、特に消防団員にあっては全体数と比較するとかなり少ないという印象を受ける。

　実際のところ、気象に関する特別警報発令下で消防団員が活動している現場において地域巡回中に土砂崩れに遭い殉職した事例や水防活動を実施後別の現場に移動する途中に車ごと土石流に巻き込まれた事例では、特殊公務災害に該当しないとされたようである。高度な危険が予測されなかった、あるいは直接的な救助活動や被害軽減活動ではないとして政令に定める要件には該当しないと判断されたのだろうか。

　最近では特別警報や線状降水帯の予報など、気象による危険情報が迅速に発表され活動危険性がより客観的に判断されるようになっている。消防団員の活動内容の特性を踏まえ、漠然としながらも高い危険性が存在する環境下での活

動であれば、東日本大震災の事例を踏まえて、総体的に人命救助及び被害軽減活動であるとして捉え、特殊公務災害に該当するとして運用しても良いのではないかと思うが如何だろうか。

3 特殊公務災害に係る審議経過

　特殊公務災害が地方公務員災害補償法に規定された昭和47年（1972年）の国会審議記録では、特殊公務に該当すると予想される人数として、改正直前の昭和44年（1969年）から昭和46年（1971年）の殉職者及び障害が残った者に対して、消防吏員にあっては殉職者総数のうち2／3程度、障害関係では15％程度が該当し、合計すると30％程度が特殊公務に該当すると答弁している。また、消防団員にあっては、この3か年の殉職総数のうち27％程度、障害は43％程度、合計して概ね1／3以上が特殊公務に該当するとしている。当時の殉職者や障害が残った消防職団員の多さ、発生した災害の状況や活動内容を踏まえた結果であるとは思うが、大きな数字である。単純にこの数字だけを見ると、東日本大震災以外の最近の事案では要件に該当しているものが少ない。何か事情の変化があるのだろうか。

　改めて図10－3及び図10－4を見てみると、消防職員にあっては、演習・訓練の割合が高いことに変わりはない。また消防団員にあっては、火災によるものが減少傾向にあり、風水害等の災害と演習・訓練による殉職者の割合が高くなってきている。

　この特殊公務災害の規定がされた地方公務員災害補償法の一部改正の際の国会審議において三つの付帯決議がされている。その中に一つに「特殊公務に従事する職員の補償の特例措置については、その適用範囲を拡大する等の措置を積極的に検討し、危険な業務の遂行にあたった地方公務員の補償について万全を期すること。」というものがある。あくまで地方公務員災害補償法に改正に伴う付帯決議であり、消防団員の災害補償に対するものではないが、消防団員にも関連がないとはいえそうもない。今思えば時代の先を読んだ意義深い決議である。

4 消防活動の変貌と特殊公務災害

　特殊公務災害に関する国会の審議録によると、特殊公務災害に該当する一つ

の例として「火が燃え盛っているところに飛び込んで人を助ける」という活動があげられている。顕著な例であると思うが、安全管理が浸透してきている昨今においては、一般的には「火が燃え盛っているところに飛び込む」という消防活動はあり得ない。仮に、燃え盛っていると表現されるような火災が発生している最中に消防職団員が進入するならば、助けを求めている人がその場にいて、進入によってその人命を救える可能性が高く、進入の段階で援護注水体制等活動上の安全が確実に確保でき、二次的災害が発生しないという判断においてなし得る活動である。

高度な危険性

　改めて、特殊公務災害の条文を見てみよう。まず、前提条件となるのが、「生命又は身体に対する高度の危険が予測される状況の下」で行われた公務である。「高度の危険が予測される状況」とは、地方公務員災害補償法逐条解説（2018年、（株）ぎょうせい）によれば、「生命を失い、又は身体に重大な危害を受けることが通常予想される程度の危険をいい、被災職員が高度の危険があることを予測していたか否かにかかわらず、客観的にそのような状況にあると判断されれば足りるとされている」と説明されている。

　これを現場の視点から考察してみよう。災害の危険性の予測は、活動時点の状況を示す様々なデータやその場における外観からの災害の状況などを総合的に判断して行うことになるが、実際は言葉で表現できるほど単純ではない。火災のようにその進展状況がある程度目に見えるものであれば、活動している者にとってはその危険の予測ができそうであるが、外観から炎や煙が視認できない場合であっても状況によっては急激に危険性の高い状態に進展することがしばしば起こる。特に近年では、建物の開口部や外壁の構造部材により密閉性が高まり、これに発熱量の大きい内容物が存在していると、火災の際に内部への熱の蓄積が促進され、進入後の危険性は一層高くなる。これらの危険性を外部から判断することは容易ではない。実際のところ、最近の建物火災の事例では、活動時に危険性を予測することが難しかったのではと推測される状況で殉職事故が起きている。

　一般的に、災害活動において明らかに高度な危険が予測される状態であれば、

安全管理上十分な対策を行って活動する場合が多く、もし積極的な救助活動の必要性がないと判断されれば二次被害防止に向けた安全管理を優先して活動することになる。このため、殉職事例では、救助等の必要性や物的損害を軽減する可能性があって比較的優位に活動を進めることができると判断した状況下において、予測しがたい災害状況の変化により危機的な状況に陥った場合が多くなる。東日本大震災では、多くの消防職団員が公務として災害を被り痛ましい結果になった。当初津波を小さく評価した気象情報が発生され後に情報通信手段の障害等が発生した中で、危険性の高い大きな津波が来ることを明確に予測しながら活動していた消防職団員はどれだけいただろうか。解説前段の「通常予想される程度の危険」ではなく、むしろ「予想できない危険」によって殉職が発生したことになる。

　また、解説後段の「被災職員が高度の危険を予測していたか否かにかかわらず、客観的にそのような状況にあると判断されれば足りるとされている」とのことであるが、客観的であるにしろ高度の危険が予測されるような状況であれば、基本はそれを回避する対策を講ずる。しかし、東日本大震災における活動状況のように、客観的にも高度の危険が予測される状況下かどうかをも判断することは容易ではない。例えば消防団員がしばしば殉職する豪雨時の土砂災害では、広域的なエリアで漠然とした高い発生危険は存在するものの、これまでのデータが示すようにミクロ的にどこで土砂災害が発生するかを客観的に予測することはその専門家ですらかなり難しい。活動環境にもよるが、活動中に土砂災害が発生するような高い危険が存在するかどうかは、結果論でしかない。「客観的にそのような状況にあると判断」という表現の中には、高い危険性がある環境の中でも偶発的なものは要件に入らず、予測されながらも「敢えてその危険性に挑んだ」という意味合いが前に出ているように感じるのは筆者だけであろうか。

　災害では、特異な災害であればあるほど、ミクロ的にもマクロ的にもその危険性の予測は難しい。様々な科学技術が進歩しながら都市構造が変貌し、また大きな気候変動が起っている中で、災害は常に想定外あり、その危険性を予測することは一層困難になっていく。

災害活動の種類

　二つ目の要件は、消防職員では「火災の鎮圧と天災等の発生時における人命の救助そのほかの被害の防御」である。この天災等の考え方は、前記の解説には記載をされていないが、天災以外の、例えば爆発、放射線や毒性ガス等の漏洩、建物の倒壊、鉄道事故、危険物を積載したタンクの交通事故といったような都市型災害における防御活動、災害拡大防止活動や人命の救助活動は含まれるのだろうか。また、救急業務はどうだろう。救急業務であっても危険性の高い高速道路や鉄道敷地における活動、放射線や毒性ガス等の漏洩現場での活動もある。そして昨今では、新型コロナウイルス感染症が広がり感染症の危険性が高い現場での救急活動を余儀なくされている。実際のところ、これまでにも高速道路や鉄道敷地内での救助活動、感染症傷病者の救急活動などにより殉職者が発生している。こうした活動は、当然のことながら二次的災害の危険が存することに意識しながらの活動となるが、活動している立場からは制御できない外部からの予測を超える高い危険が必ず存在し、これをすべて回避することは容易ではない。これらの活動が該当するかどうか条文上必ずしも明らかではない。

　いうまでもないことだが、消防が行う警防活動は半世紀の間に大きく変化している。その出動回数は、昭和40年代中頃には火災の出動が大半を占め、救

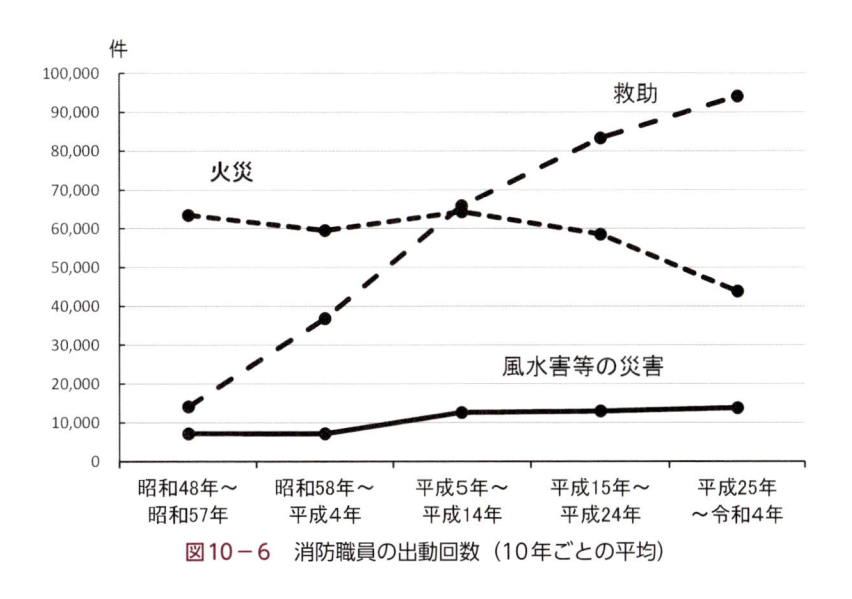

図10−6　消防職員の出動回数（10年ごとの平均）

助業務の出動回数は極めて少なかった。しかし、現在では救助業務の出場回数が火災を大きく上回っている（**図10−6**）。また救急業務の出場回数は、ほかの業務とは一桁上回る大幅な増加となっている。

　消防団員においては、火災への出場回数が減少し、風水害等の災害への出場回数が増加傾向にあり、消防団員の役割の変化を表している（**図10−7**）。

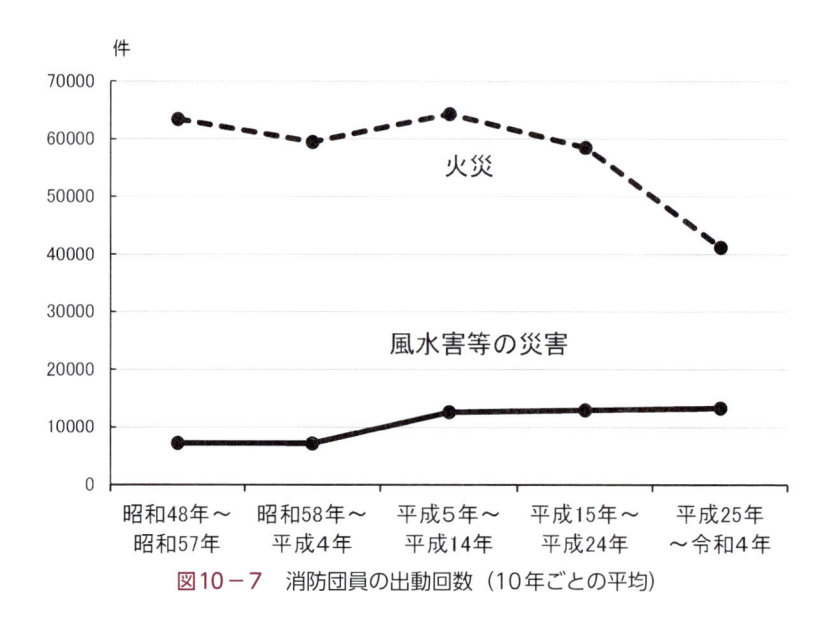

図10−7　消防団員の出動回数（10年ごとの平均）

まとめ

　火災をはじめ様々な都市型災害が減少する一方で、総体的な危険性の減少とは裏腹に、個々の災害における危険性が増しており、それは容易に予測できないものになっている。また、風水害は、気候変動による過去に経験したことがないような広域化・激甚化の様相を呈しており、活動中に発生するすべての事態を予測することは極めて難しい。

　都市型災害の多くは主として公設消防が担うことになるが、広域的な風水害等の自然災害では、消防団員の活動に期待するところは大きい。近年消防団員が減少傾向にあるなかで、消防団員の処遇を改善するため報酬の引き上げなど

様々な工夫が行われているが、何よりも重要なことは正規の職業を持ちながら地域を守るという崇高な使命感を持って活動を続けている消防団員とその家族のために、消防団活動の安全性を確保し一人の犠牲者も出さないという確固たる体制を作ることである。

このために、災害活動という想定外の事案に対する活動にあたっては、基本的な災害活動要領と公務災害防止のための安全管理教育を入念に行うことが重要となる。

多くの場合、大規模災害に際して高い活動危険が存在するのであれば、指揮者はそれを避けて活動命令をすることになるが、地域の実情を熟知し期待を背負っている消防団員は、危険が予想される否かにかかわらず地域のことを思い献身的に活動をする。殉職という事故はあってはならないものであるが、こうした活動によって万一痛ましい事故が起きた時に備え、公務災害補償制度は消防団員とその家族に活動の安心を提供する制度であり続けなければならない。

東日本大震災では活動をしていた消防職団員のほぼ全員が特殊公務災害として該当しているが、それ以外の災害では特殊公務災害に該当するとされている事案が少なくなっている。

特殊公務災害として、災害の危険を予測し敢えて危険を冒すような活動が主に該当すると想定しているとしたならば、昨今の災害や消防活動の変貌を踏まえ、より時代に即した方向で運用を行うことはできないものだろうか。

第11 消火器による初期消火が減少

　住民への火災の対応として、消防は、いつの時代も変わることなく、火災の早期の発見・通報、そして初期消火の大切さ指導してきた。不注意によって火災が発生しても、いち早く発見して119番通報と初期消火が行われれば被害は最小限に抑えることができる。しかし、早期に発見・通報がなされても初期消火が行われなければ、消防車が到着するまでに火災は拡大を続ける。状況によっては炎が天井に達し、出火建物はフラッシュオーバーの発生に近づいていく。

　119番通報を受けてから消防車が出動して出火建物に到着し放水を開始するまでの時間について8分以内を目標にするという考え方がある。天井に炎が届く前に建物の関係者全員が避難すれば、人的被害は確実になくすことはできるが、無事に避難ができたとしても、長年住み慣れた住居を失うことになれば落胆は大きい。火災活動を担う現場の消防は、この出火からの数分間の住民の行動が被害の大きさを左右することを目の当たりにし、被害の軽減のために熱心に指導を行っている。

　消防は、通報を受けてできるだけ早く消防車を災害現場に到着させ、素早く放水活動や救助活動が開始できるよう訓練を重ねつつ、消防車両の性能を上げたりしている。特に119番通報からの情報処理を担う指令システムに投入している費用は年々増大している。しかし、住民からの通報が遅れ、初期消火が行われていなければ、人命の救助は難しくなり、到着後の活動は周辺建物への延焼防止等に重点を置かざるを得なくなる。

　近年の建物火災における被害状況を見ると、火災件数の減少とともに全体の人的・物的被害は減少しているものの、建物火災1件あたりの焼損面積や火災1,000件あたりの死者数は増加している。特に建物火災と住宅火災における人的被害の増加傾向は顕著である。この要因の一つに高齢者の関係した火災の増加があげられるが、特に気がかりなのは、初期消火に使用した消防用設備等のうち、消火器の使用割合が減少傾向にあることである。

　今、国内では南海トラフ地震、千島海溝・日本海溝周辺海溝型地震、首都直

下地震など、大規模地震の発生が逼迫しているとされ、地震による火災の発生も想定されている。このため、都市構造の不燃化や耐震化の推進、電気による火災の出火防止対策などが鋭意進められている。この中で、同時多発的に発生する地震火災への対策として、全体の出火件数を抑える対策と並行して、1件の火災に対する初期消火の実施率と成功率を少しでも高め、火災の拡大を防ぐことも忘れてはならない。阪神・淡路大震災では、地震発生直後の初期消火は困難を極め、5時46分から6時までのわずかな時間に発生した1件の火災が10万㎡近くまで延焼拡大したものがある。また、令和6年（2024年）1月に発生した能登半島地震でも輪島市において1件の火災から約5万㎡を焼損する大規模火災に発展している。

　阪神・淡路大震災では、平均風速が弱く延焼速度が遅かったとされているが、関東大震災発生時のように強風が吹いていれば、出火件数が少なくても、未消火の火災が瞬く間に広がり被害が拡大する可能性は高くなる。このため、地震発生時の風は複合的災害の様相を呈することになる。火災の延焼拡大を極力少なくし、同時多発的に発生する火災に限られた消防力で消火活動を優位に進めるためには、一人ひとりの住民あるいは一つひとつの事業所の関係者が意識を高く持ち、一刻も早く初期消火活動に取りかかるかどうかが大きな鍵となる。

1　火災と初期消火の状況

　最近30年間の全国の火災において、初期消火に使用した消防用設備等の状況（**図11－1**）を見てみると、最も初期段階での消火活動を担う消火器や簡易消火器具を使用した割合が減少傾向にあり、「水道、浴槽、汲み置き等の水をかけた」、「寝具、衣類等をかけた」等と定義される「その他」の割合が増加傾向にある。

　これは消火器の設置義務がない住宅火災の増加が影響していると考えられるが、消火器等を使わなかった理由として考えられるのは、消火器等が近くになかった、気が動転して消火器等が置いてある場所がすぐに思い出せなかった、いつも置いてあるはずの場所に消火器等がなかった、そもそも消火器等を設置していなかった、などが考えられる。消火器が設置していなかったとしたら手の施しようがない。

火災件数が減少している中で、長年の間に初期消火という基本的な行動に対する意識に何らかの変化が起り、建物火災1件あたりの焼損面積や人的被害の増加に影響を与えているとしたら何らかの対策を検討しないといけない。

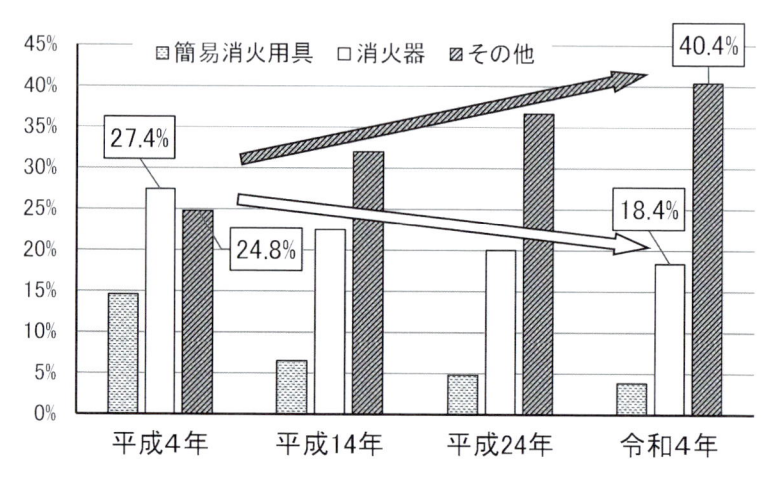

「その他」とは、「水道、浴槽、汲み置き等の水をかけた」、「寝具、衣類等をかけた」等をいう。

図11－1　初期消火における消火器の使用状況

消火器の生産と設置

最近30年間の消火器の生産本数（検定の申請数）は図11－2のとおりである。平成23年（2011年）に施行された消火器の規格省令の改正や点検基準の改正により、平成24年（2012年）から平成26年（2014年）にかけて増産され、その後やや減少しているものの、令別表第一に掲げる防火対象物の増加や規制面積の縮小によるものか、増加のトレンドとなっている。

防火対象物に対する消火器の設置規模は用途によって異なるが、150㎡以上の面積の多くに義務付けられている。比較的経費のかからないことからも、おそらく設置率は100％に近いと考えられる。実際、消防白書によれば、消火器の未設置違反に対する措置命令件数は、防火対象物の数と比較しても極めて少ない。

昨今の火災による死者数は、全体の約8割を建物火災が占め、そのうちの9

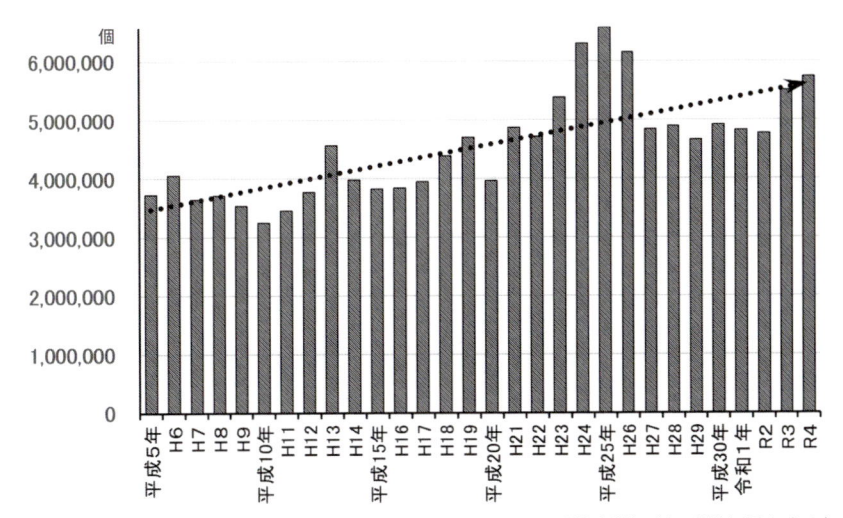

図11－2　消火器の検定申請状況（平成23年度までは個別検定数）（大型消火器を含む）

割近くを住宅火災が占めている。防火対象物に対する消火器の規制がかなり小規模のものに広がっている中で、１軒あたりの全国平均の床面積が概ね100㎡程度にまで拡大傾向にある戸建て住宅では、消火器の設置率はどの程度なのだろうか。

　一般住宅への消火器の設置は法的に義務付けられていないことから、その設置率に関する情報は少ない。一般社団法人日本消火器工業会で実施した「家庭内の消火器の保有実態に関する全国調査（平成28年７月）」の事前スクリーニング調査では、一戸建て・長屋建てに住まいの方の消火器の保有率は約41％であったとされている。また「廃消火器リサイクルシステム年次報告書2020年版」において、調査年度は明らかでないが２回目の調査を実施したとされる結果によれば、「一般家庭で消火器が設置されている家庭の比率は、一戸建てが39.1％、共同住宅が48.3％だった」とし、この中には家主などが管理する消火器が含まれていることから、自ら管理する消火器となるとさらに低い数字となると記載されている。

　全国の住宅用火災警報器の設置率は、令和６年（2024年）６月時点で84.5％となっていることから、この数字を見る限りでは、消火器の設置率は住宅用火災警報器の設置率の約半分ということになる。

消防庁において開催した「消火器・防炎物品リサイクル推進委員会」報告書（平成17年3月）によれば、平成13年度に全国の一般家庭5,000を対象に実施したアンケート調査の結果では「40％以上が消火器を保有しているとの推計結果が得られた」とし、「マンション・アパート等の共用廊下等に置かれているとの回答22％を含める」と、「60％以上に消火器具が身近に設置されているという実態が明らかになった」とされている。

　データが少なく確かなことは言えないが、これらの資料から全国の戸建て住宅における消火器の設置率は40％程度で推移しあまり変化していないのではと考えられる。

　住宅火災の発見に重要な役割を果たす住宅用火災警報器の設置率は年々上昇しており、また119番の通報手段は携帯電話等の普及によりほぼ100％の普及率になっている一方で、初期消火の手段があまり高くない状態で推移しているとすれば、火災対応の3点セットとなるべき手段の一つが抜け落ちていることになる。

　付言しておくが、建物火災1件あたりの焼損面積が増加傾向にあるということは、火災原因調査の視点からすれば火災発生から通報までの時間が遅延していることを示している。一般的に、早期発見が早期の初期消火開始につながる可能性が高くなると考えられることから、通報手段の普及と実際の通報時間との関係については住宅火災における焼損面積の傾向を見据えながらもさらなる分析が必要である。

2　大規模震災時等における初期消火の状況

　大規模震災時には消防機関も容易に動き出すことができず、住民などによる早期の発見と初期消火の重要性は一層高くなる。地震時における火災対応の要点は、消防車の出動が難しくなることやライフラインの損傷によって消火栓等が使えなくなることを想定したうえで、身近にある消火器等の独立した消火資機材を使って消火作業を実施しなければならないことである。そして、近隣からの煙を発見したならば速やかに駆けつけて、協力して消火作業にあたらなければならない。

阪神・淡路大震災における初期消火活動

　阪神・淡路大震災で発生した火災285件の初期消火を調査したデータ（**図11－3**）によれば、消火器を使用したのは28.4％で、その数字は平成7年（1995年）前後の年において通常の火災時に消火器を使用した割合（24％～25％）よりも高く、しかもその成功率は47％と極めて高い。

　震災時には、建物の倒壊や家具等の転倒等により消

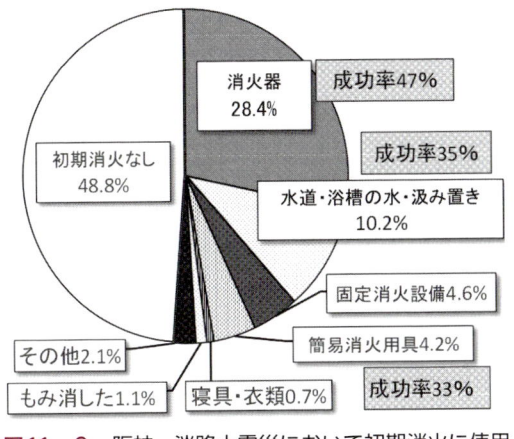

図11－3　阪神・淡路大震災において初期消火に使用したもの

「阪神・淡路大震災調査報告建築編－6」により作成

火器が使えなくなる、自身の避難活動や近隣の救助活動を優先する、などを余儀なくされ、初期消火活動が困難になると予想される。実際のところ、初期消火が実施されなかった割合は、通常の火災では35％前後で推移しているのに対して約49％となっており、震災時における初期消火の難しさを物語っている。

　その中で、初期消火を実施した場合のみに限れば、消火器を使用した割合は約55％で、近年の通常の火災と比較して25ポイント程高く、震災時における消火器の有効性が高いことを表わしている。注目すべき点である。

阪神・淡路大震災における住民行動

　大規模震災及び大規模火災における住民の行動アンケートによると、火災覚知直後においては必ずしも迅速な消火活動が実践されていなかったのではと見受けられるデータがある。

　阪神・淡路大震災における住民の行動についてのアンケート結果（阪神・淡路大震災調査報告建築編6、阪神・淡路大震災調査報告編集委員会）によれば、3階以下の戸建て住宅等において、火災覚知時に約3割の人が「自宅の中又は

自宅周辺で何もできずにいた」と回答し、火災覚知後の行動としては、「火災の様子を見ていた」割合が最上位となり、「消火・延焼防止活動を行った」割合は約6％となっている。

　高層の共同住宅についても同様の調査をしており、消火・延焼活動をした割合はさらに低くなる。阪神・淡路大震災では、耐火及び準耐火構造建物からの出火率が約5割と木造建築物よりも高くなっており、耐火の共同住宅でも初期消火活動の必要性は高い。

　阪神・淡路大震災では、各地区で住民による大規模な消火・延焼防止活動が行われ、大きな成果をあげている。消火活動に参加をした人にそのきっかけを尋ねた質問では、「とにかく消さなければならないと思った」と意識の高さをうかがわせる回答をした人が最も多く、日頃の備えについて尋ねた質問では、「消火活動をした」人は、「消火器の設置」や「水のくみおき」、「火災訓練を実施していた」とする割合が「消火活動をしなかった人」よりもやや高い傾向であったとしている。

　また、消火活動をしなかった人にその理由を尋ねた質問では、最も多かった回答は「水や道具がなかった」であり、日頃からの消火器や水バケツなど消火資機材の設置・備蓄の必要性が高いことが表われている。

　地震時は建物の倒壊等により延焼速度が大きくなることから、より多くの人が早い段階で初期消火を行わなければならない。消火器の設置率や消防訓練への参加率があまり高くないとするデータがある中で、平時の火災のみならず逼迫する大規模地震とそこで起こる火災に対して、初期消火活動に対する意識を一層浸透させる必要がありそうだ。

糸魚川市大規模火災における住民行動

　平成28年（2016年）新潟県糸魚川市で発生した大規模火災における住民行動について、「糸魚川市大規模火災における避難行動調査の概要（火災、Vol.67 廣井悠）」によれば、「火災を知った直後の行動」として、「火の様子を見ていた」が48.0％と一番多く、「消火・延焼防止活動」に当たったのは2.8％となっている。

　糸魚川市大規模火災と阪神・淡路大震災では、アンケートに協力した住民の置かれた状況、すなわち火災からの距離、現認した火災の大きさ、自分の家屋

への延焼危険の可能性、風向、家族の被災状況などが異なっていると考えられる。このため、単純な比較は適切ではないが、阪神・淡路大震災と類似した結果が出ていることが何とも気がかりである。

糸魚川市大規模火災では強風による飛び火によって多数の火災が発生しその延焼速度は阪神・淡路大震災の2倍から3倍の速さであったと言われている。それぞれの火災の発生形態や規模等が異なる面があるものの、初期消火活動の意識を上げていくことの必要性は一致している。

3 大規模地震等と風

糸魚川市大規模火災では、強い風の影響によって飛び火による火災が10か所において発生し、飛び火が被害の拡大に大きな影響を与えたとされているが、火災報告取扱要領の解説によれば、飛び火は延焼火災と一つと捉えられているため、飛び火による火災は出火件数として計上されない。

一方、阪神・淡路大震災では、震災発生当日の神戸市の平均風速は2.6m/sと弱く、延焼速度が遅かったこともあり、飛び火による延焼は約1割程度と比較的少なかった。この地域は、冬になれば六甲おろしが吹く日もあるが、震災同日の平均風速はこの日を中心とした1週間の中で最も弱いものであった。

火災による死者が多かった関東大震災では、2つの低気圧の影響から震災当日は東京気象台では平均風速11.8m/s（当時の気象台の記録による。）と強い風が観測され、飛び火による火災も多く記録されている。この風速は、糸魚川市大規模火災当日の平均風速8.5m/sを上回る（図11−4）。

風速10m/sを超える風は、どれほどの頻度で起こるものだろうか。例えば、横浜気象台では年間の平均風速は3.5m/s前後で糸魚川の年間の平均風速を上回る。1991年から2020年までの30年間において、最大風速10m/s以上を観測したのは、糸魚川が年平均12.8日に対して横浜気象台では平均32.6日で、平均すればほぼ11日に1回程度は発生していることになる。糸魚川市大規模火災当日も、横浜気象台では夜半過ぎには糸魚川の最大風速と最大瞬間風速を上回る風が吹いている。おそらくこの程度の風速は、どこの都市でも相当の確率で起こりうるということなのだろう。

糸魚川市大規模火災では、飛び火等による火災の延焼を防ぐため自宅の屋根

に家庭用のホースで水を掛けた人が少なからずいた。大規模地震の被害想定では、風速によって火災による建物被害や人的被害の数が異なっており、もし大規模地震が強風の日に発生した場合には、初期消火活動への参加意識が被害の大きさを左右することになる。

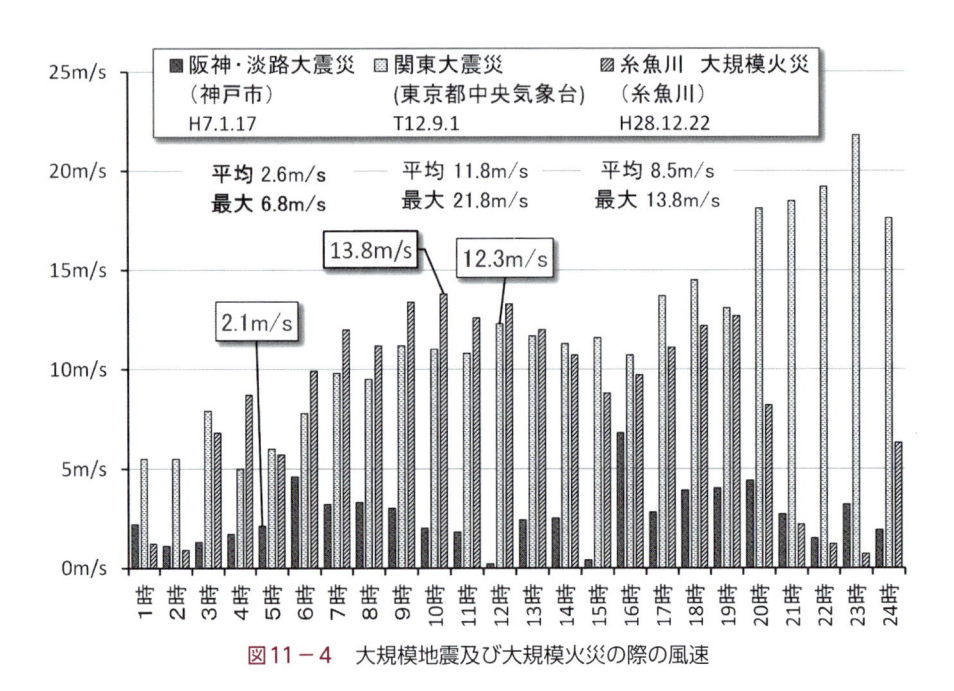

図11－4　大規模地震及び大規模火災の際の風速

4　消火器具の設置率向上と初期消火の実施率の向上をめざして

首都直下地震の被害想定では火災による人的被害は最大約16,000人、南海トラフ地震の被害想定では火災による人的被害が最大約14,000人に上るとされている。

このため、出火防止の強化として、家庭用消火器・簡易消火器具の保有や風呂水のため置きなど初期消火率の向上を図る消火資機材の保有の促進が必要とされ、首都直下地震では電気による火災対策も含めてこれらの対策が進めば人的被害が最大9割近く軽減されるとしている。

これらの被害想定及び対策は、公表されてから数年余が経過しているが、住

宅等における消火資機材の保有はどの程度進んでいるのだろうか。

　消火器の設置促進と一口に言っても、即効性のある特効薬的な方策はない。かつて家庭用の消火器の設置促進策として補助金を出していた自治体もあり大きな効果があったが、基本はこれまでと同様に、自治会・町内会を通じて、また、広報誌を利用するなどして地道に粘り強く防災指導等を行っていくしかない。

　今改めて力を入れなければならないことは、消火器の設置状況や火災時の消火器の使用状況、そして逼迫している地震発生状況等を改めて認識し、消火器等の設置と大規模地震時における初期消火の必要性をより強く指導していくことではないだろうか。

まとめ

　住宅用火災警報器の普及が住宅火災の早期発見につながっており、火災の抑止に一定の効果を上げていることは間違いない。火災による被害をさらに軽減するために発見通報の次に行うことは、言うまでもなく初期消火を早期に行いその成功率を上げることである。たとえ消火器の設置について法的規制がないとしても、一般住宅における消火器等の設置の推進は地震時の消防力を補う方策として不可欠であり、消防は住宅用火災警報器とセットで広報や防災指導を継続していかなければならない。

　国内各地では大規模地震の発生確率が年々高まっている。令和4年（2022年）7月の東京地裁における東日本大震災関係の損害賠償に関する判決では、国の地震調査研究推進本部が公表していた東北地方太平洋沖地震の長期評価（地震の発生確率）の信頼性について、「相応の科学的信頼性がある知見であった」とされた。また、平成29年（2017年）8月には内閣府の調査部会において、地震に対する予測可能性について議論された結果が公表され、現在の科学技術では「地震の発生時期等を確度高く予測することは困難である」が、一方で「地震活動の推移についての確率を算出することもある程度はできる」とし、現在の科学技術を正しく見極めながらも、確かな進歩も表すものとなった。

　平成16年（2004年）の新潟県中越地震や平成17年（2005年）の福岡県西方沖地震等における初動対応時のけがの状況やマイコンメーターの普及状況や火災の発生状況等を踏まえ、地震時の一次対応が「すばやい火の始末」から「そ

の場にあった身の安全」に変更された経緯があるが、揺れが収まった時点で火災と思われる煙や炎を発見した時には、速やかに消火活動へと移行すべきことに変りはない。

　地震対策の柱は、耐震性の強化、出火防止対策、津波からの避難対策の3つである。強風と大規模な地震の発生が重ならないことを祈るばかりであるが、平時における火災時の消火器等の使用状況を踏まえながら、その先にある地震対策も見据え、住宅における消火器等の設置についてもう一度考えてみてはいかがだろうか。

社会環境等の変化による共助への支援の強化

　内閣府の世論調査によると、災害が起こったときに取るべき対応として、自助、共助、公助のどれによるべきかという質問に対して、公助に重点を置くべきと答える人が減っている一方で、自助や共助に重点を置くべきと答える人が増加傾向にある（**図12－1**）。昨今風水害等の被害が広域的に及んでいることや大規模地震時には公的機関も被災をするおそれがあること、また阪神・淡路大震災では建物等から救助された人の約8割が近隣住民によるものであったことなどを踏まえると、公的支援にすべてを委ねるのは決して得策ではなく、自助や共助を重点とすべきとの考えは、地域における災害対策の望ましい姿と捉えることができる。共助に重点を置くべきと回答した人の中には、自力では初期消火や家族の救助・避難行動が困難と考えている人達も含まれ、共助に期待をしていることが推測される。

　東日本大震災では地域の共助の重要性が再確認されたことを受け、平成24年（2012年）及び25年（2013年）に災害対策基本法が改正され、自助・共助に

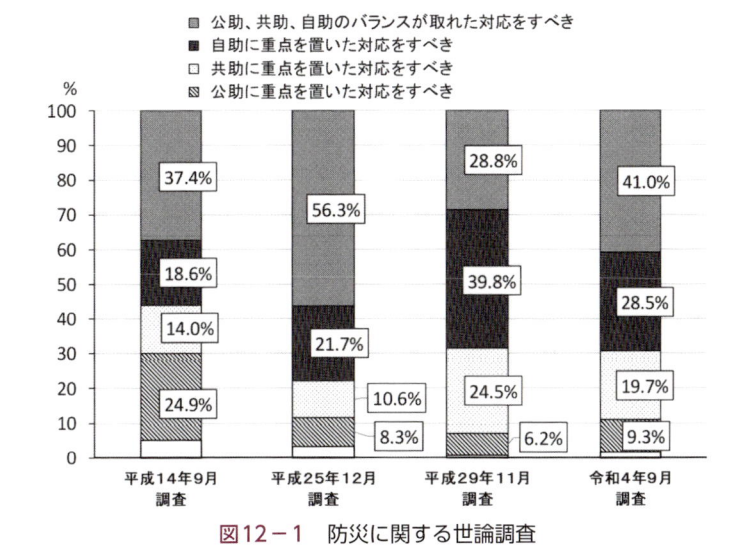

図12－1　防災に関する世論調査

（内閣府資料から作成）

よる防災活動に関して様々な規定が整備された。大規模災害が発生した多くの地域では、共助の原点となるべき防災活動に熱心に取り組んでいる姿が見られ、自助・共助の考え方が法制化されたことによる効果は大きいと感じている。ただ、地域で活動に参加をしてみると、近年大規模災害を経験していない地域の特性か、防災活動があまり活性化していないという声を度々耳にする。大規模災害は経験しないことに越したことはないが、地震や風水害に限らず、全国どこでも大規模災害が起こりうる日本では、経験の有無に関係なく地域防災に対する日頃からの意識と対応力を継続して高める方策を考えていなければならない。

　共助の重要性は多くの人が認識しているところであるが、災害の状況や社会環境が変化する中で地域の共助の体制を強力に進めていくことが難しいと思われる事情も出てきている。発生が逼迫している大規模地震や風水害の激甚化等に備え、地域の防災力をさらに向上させ、とりわけ共助の意識を高めていくためにどのような方策が考えられるのだろうか。

1 昨今の自然災害等

　近年風水害による被害が激甚化しているが、長いスパンで見れば、自然災害による死者は地震を除いて大幅に減ってきている（**図12−2**）。河川や海などの治水管理が着実に進められ、また気象情報が適切に提供するようになっているなどの効果によるものと考えられる。

　もともと自然災害は地震に代表されるように、人の営みの時間をはるかに超える間隔でやってくるが、これは大規模な風水害にも当てはまる。風水害は毎年のように各地で発生しており、頻繁に起きているではないかと言われそうであるが、大規模な被害をもたらす風水害となれば50年以上の長い間隔で発生している地域も少なくない。このため、大規模災害を経験し、その被災経験が記憶に残り、人生の中で次の同様の災害に生かされると言ったケースはさほど多くないと考えられる。

　実際のところ、風水害が発生した被災地からは、「生まれてからここに住んでいるがこんな災害は初めてだ」、「70年以上暮らしているがこんな雨は初めてでただ驚いている」、「今までこんな災害は経験がない」といった声がしばしば報道される。これらは豪雨の発生頻度が高くなっていることを示していると

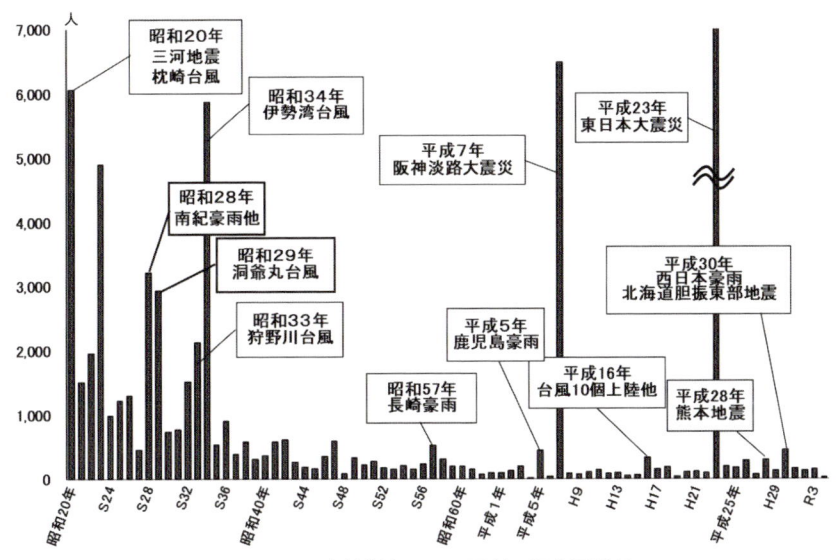

図12−2　自然災害による死者・行方不明者

　も言えそうであるが、大規模災害となると発生した時が初めての経験になることを物語っている。

　年々増加している時雨量80ミリメートル以上の雨の回数は増加傾向にあるというものも、アメダス1,300地点でここ10年間の平均発生回数は25回程度である。この時雨量の雨が単純に毎年違う場所で発生していると仮定をすると、1カ所あたり50年余に1回起きるかどうかの計算になる。1時間雨量であるから、365日24時間のうちの1時間ということになるので、同じ時間帯ということになればさらに確率は低くなる。

雪害

　風水害とともに近年死者が増加している自然災害に雪害がある（**図12−3、図12−4**）。

　気象庁の資料によると、年最深積雪は、年ごとの変動が大きいものの、北日本日本海側、東日本日本海側及び西日本日本海側の各地域とも減少傾向が現れている。にもかかわらず、雪害による人的被害は、30年前は風水害の1/4以下であったが、ここ10年では、雪害による年間の死者数の平均が風水害による

死者数と同程度まで増えてきており、雪害による死者数が風水害による死者数を上回っている年が5年もある。

　雪の事故に遭われる方々はほかの災害と同様に高齢者が多くなっている。そして、その対策はと言えば、雪下ろしなどを2人以上で行う、事前に近隣に声

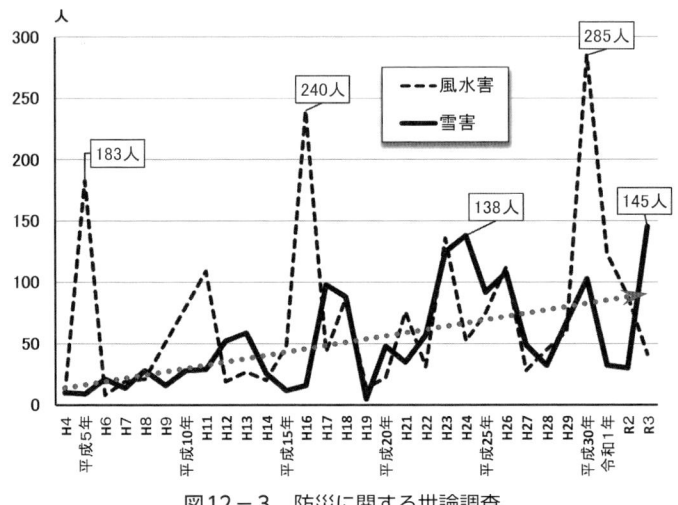

図12-3　防災に関する世論調査

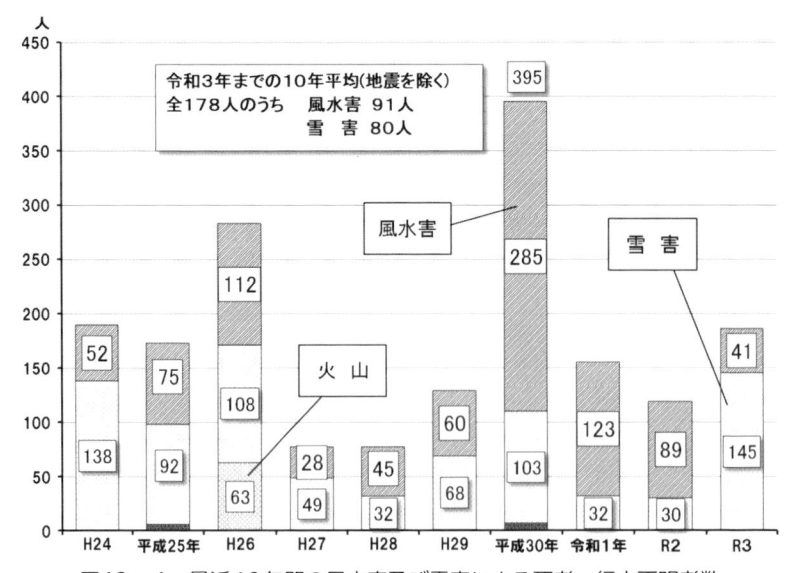

図12-4　最近10年間の風水害及び雪害による死者・行方不明者数

をかけて行うといったことになるが、一人暮らしの高齢者や近隣の家が近くにないようなところでは、なかなか実効性が確保できないのではと思う。共助としての地域の防災力が強く問われている場面がここにもある。

　風水害は一般的に広域的に発生するおそれがあり、気象状況の時間的変化とともに徐々にその危険性が増していくことから、事前の気象情報から被害の発生状況までの様子が刻々と報道され、その対策に気付く機会が多く与えられる。しかし、雪害はどうだろう。雪害の多い地方では繰り返し周知がされていると思うが、雪害はさほど大きい物的被害を伴わなかったり、一つの事故による人的被害が少ないという特徴をもつ災害で、増加していることに気づきにくい。このため、これまで以上に繰り返し広く知らせる必要性は高くなっている。

都市型災害

　交通事故、機械を使った作業現場や建設現場での労働災害等による死者も減ってきている。交通事故の件数はピーク時の1/3以下、その死者数は1/6以下まで減少しており、労災事故による死者はピーク時の1/8以下になっている（図12−5）。様々な事故を教訓とした個人装備や機械的システム等の安全化に

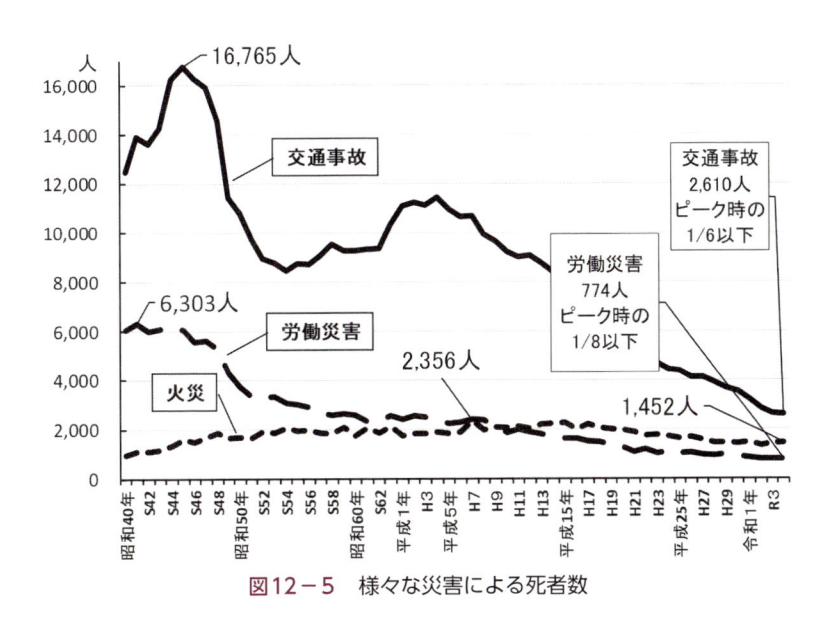

図12−5　様々な災害による死者数

向けた改善、法規制の強化や教育などによるところが大きい。

　都市型災害に関しても、日常の生活において、自分自身が生命に危険を及ぼすような災害や事故に遭遇したり、あるいはそうした場面を自分の目で見たりすることは、年々減少していることを示している。

2　地域を取り巻く社会環境の変化

　災害状況の変化とともに、共助の必要性とその意識は高まってきているが、これをさらに進めていくにあたって懸念される社会環境の変化も出てきている。

　共助という言葉は、今でこそ防災を中心に使われていることが多いが、もともとは防災に限った考え方ではない。かつて米沢藩（現在の山形県米沢市及びその周辺）第9代藩主上杉鷹山が貧困に苦しむ領土において、人々への福祉政策を進め生き生きと生活をしてもらうために始めた、自助、互助、扶助（公助）という概念の一つで、近隣社会が互いに助け合う「互助」の考え方が現在の共助となっていると言われている。

　内閣府の調査によれば地域参加が積極的な地域では防災にも積極的という傾向がみられ、防災に対する共助を進めるには、そのもととなる地域参加の環境づくりが欠かせない。

高齢者の就業年齢と地域デビュー

　横浜市が公表した「令和2年度横浜市自治会町内会・地区町内会アンケート調査報告書」（以下「横浜市アンケート」という。）によれば、自治会町内会の会長の年齢別では、60歳以上が8割を占めている。12年前からの過去3回調査ではこの8割はほぼ変わらない中で60歳代が34％前後で推移してきたが、令和2年（2020年）の調査では約2割となって急激に減少している。

　この原因の一つとして、高齢者の就業年齢が徐々に高くなっていることが考えられる。人口構造の変化に伴い生産年齢人口が減少し労働力が不足していることから、高年齢者雇用安定法の改正により、平成25年（2013年）4月からは段階的に希望者全員に65歳まで働く雇用制度が定められ、さらに令和3年（2021年）4月からは、事業主に65歳までの雇用確保が義務付けられたことに加え、65歳から70歳までの就業機会の確保が努力義務となっている。義務で

はないととはいうものの、70歳までの定年の引上げや定年制の廃止、70歳までの継続雇用制度の導入を求めている。

総務省のデータによると、就業者に占める高齢者の割合は、平成24年（2012年）頃から急に伸びており、こうした制度の改正が着実に社会に浸透してきていると推測する。

医療の進歩や食事・生活様式等の改善により健康寿命が延びているとはいうものの、70歳まで働けば男性の健康寿命までは長くない。一生働くことに生きがいを持っている人も多いとは思うが、仕事を辞めたら好きなことをやって過ごしたいという人も少なくないだろう。こうした流れが横浜市アンケートの結果に反映されているのだろうか。働かなければならない年齢が上がることで地域デビューする人が少なくならないか少し心配になる。

この先、就業年齢の延伸が地域にどのような影響があるかはしばらく推移を見てみないと分からないが、地域デビューは仕事の定年を待つのではなく、仕事をやりながら地域参加をしてもらうという考えを明確に打ち出して、そのための方策を考えないといけない時代になっている。

女性の社会進出

女性の社会進出が進んでいる。男女の考え方を社会に反映させていくなどのうえで大変意義あることである。ただ、地域では、単身世帯も含め、平日の昼間を中心に働く層の男性のみならず女性も不在になってきており、いざ災害と言うときに人手不足による共助が弱くなることが懸念される。女性の社会進出と併せて核家族化への進展なども関係しているのか、男女間で育児などの家事の分担が進むとともに、平日に家族と過ごす時間が少なくなることで、休日には地域参加への時間が取れなっているおそれがある。

横浜市アンケートでは、自治会町内会への加入を断られる理由として、「ほとんど家にいない、活動に参加できないから」との回答が、「役員等をやりたくない」という理由に続いて2番目に多くなっている。地方の消防団の幹部からは、同じ状況の話を聞くことがあるが、より参加意欲の湧く地域行事の創出が不可欠になっている。

自治会・町内会の加入率

　総務省の「地域コミュニティに関する研究会報告書」（令和4年（2022年）3月）によれば、令和2年（2020年）の600市区町村における自治会等の加入率の平均は71.7％であり、平成22年（2010年）と比較して6.3ポイント低下しているなど、地域のつながりの希薄化への危機感が一層高まっているという。

　自治会等への加入は、共助を進めるうえでの大きな前提となるものであるが、横浜市でも低下傾向が見られる。平成初期の頃に90％近くあった加入率は令和3年（2021年）の調査では60％後半となって減少が続き、実に3世帯に1世帯が加入していないという状況になっている。

　主な市政情報は未加入者も含めて全戸に渡っているが、区役所から自治会町内会を通じて流される市政情報を掲載した回覧板は未加入者には回らない。筆者が活動を行ってきた地域では、未加入者にも防災訓練等への情報を流し参加を呼びかけているがなかなか参加は得られない。

　前記の総務省の調べでは、自治体が地域コミュニティに対して今後期待する活動分野のトップは防災・危機管理活動で、横浜市アンケートでも自治会町内会としてさらに力を入れていきたい分野は防火防災となっており、出所は異なるものの自治会等の中で防災等の活動に対する需要が高くなっていることをうかがうことができる。市町村では、加入率を上げるために様々な施策が進められ、地域においても大変な努力をしている。防災に対する共助の需要に応えるためには、自治会等の加入率を上げるという根底にある課題解決を並行して進めるとともに、何か別の枠組みを考える必要がある。

3　小さな災害の兆候の経験

　災害が激甚化する一方で、科学技術等の進歩により災害の前段階のような小さな自然現象等の経験がある程度制御されてしまう現代において、それを補強する方策を見いだすことには大きな意味がある。

　もともと大規模災害になればなるほど発生頻度は低くなることから、その事前対策としては、知識としてあるいはバーチャルな世界の中での体験としてしか学ぶことしかできない。しかも、災害は想定通りには発生せず、事前に学んだ行動計画だけでは時として自分の命や財産を救うことはできない。その意味

において、小さな災害の経験が大規模災害への対策の意識と発生時の判断力や行動力を高めるうえで重要な役割を果たすことにつながることは否定できない。

火の学び

　かつて多くの人は、煙の臭いだけで何が燃えているのか識別することができた。生活空間で煙を嗅いだ経験が、自然と燃えている素材を認識し、その危険性をも判断する機能を身につけさせていた。しかし、最近は、生活している中で制御されない火のみならず、煙を感じることも極めて少なくなっている。

　煙は火災の兆候を知らせ、早期に避難行動を取るための重要な端緒となるが、煙を見かけるのは、街中での秋刀魚や焼き鳥、鰻を焼く煙ぐらいだろうか。おそらく、火や煙の性質や挙動を生活の中で実感して学ぶことは難しくなっている。

　環境保全に関する条例等では、日常生活や屋外レジャーにおいて通常行われる燃焼行為であって軽微なものは認められており、家庭で行う小規模なたき火までも禁止しているものではない。ただ、もし近隣住民が苦情を訴えてくることになれば、規制を受けることになり、それを心配するとやはり安易にたき火はできなくなる。ちなみに、環境条例等では、消火訓練に伴う燃焼行為も認められているが、最近は防災指導で行う消火訓練も、自然燃焼の火や粉末消火器を使わないものに移行しており、制御されない火に接する機会はどんどん少なくなっている。

4　より充実した共助に向けて

　今後災害につながるような小さな自然現象等への経験が少なくなり、突然大規模災害に遭遇するといった状況が増加するようになるが、災害や社会構造等が変化する中で地域における防災への共助をどう育てていくのが良いだろう。防火防災への取り組みは、何か対策を進めたとしてもその成果がすぐに現れてくるものではなく、継続して事業を行う意識を維持してもらうことは容易でない。共助を継続して育てるという目標を明確に意識し、住民のリクエストに応える防災指導だけでなく、地域に即した全体としての新たな推進プログラムを開発し、計画的かつ積極的に提案していくことが強く求められる。

災害経験がある人の活用

　経験が少なくなっている災害に対応するためには、災害のことを経験したことがあり、いざと言うときに素早く指示を出すことができる指揮者の存在が大変重要になる。

　しかし、大規模災害時に多くの住民に対して適切に指示を出せるようなリーダーの育成は容易ではなく、シミュレーション研修を繰り返すことが基本となるが、それは容易なことではない。

　となれば、企業において安全管理や防災関係を担当してきた人など、災害の経験や災害対応に経験のある人達を活用するか、他都市で災害を経験した方々が話す映像などを利用して災害時の行動を学んでいくしかない。

　大規模災害時には、地域の地勢等を熟知したうえで、異変を素早く察知して避難等を判断し、迅速に行動に移すことを強く呼びかける実行力が求められる。それにはやはり何らかの災害等を経験していることが役に立つ。

地域の事務所、事業所、学校等の活用

　地域では、人が居住地の外に出て少なくなるような時間帯があるが、一方で働きに出ている事業所等では人が多く集まっている。居住地に働きに出ている事業所等が近接している地域であれば、いざというときにその地域に戻って活動ができるが、そうでなければ大規模震災時等において事業所等で働いている人達に地域に出ていただく方法をさらに進めていくしかない。

　大規模な地震時等においては、事業所ではその事業や従業員を守るため、事業所としての応急対策を行う必要があり地域を支援するのは二の次になることがある。このため、事業所の中には従業員を消防団や地域の自主防災組織の一員として位置づけることをためらうところもあるが、大規模災害になれば外の災害が事業所に影響を及ぼすこともあり、加えて事業所が地域の人達によって成り立っていることを考えれば、何らかの形で優先的に地域活動にあたることができるよう協定を結ぶなどの措置も有効ではないだろうか。

防災行事はほかの行事とのコラボ

　防災の行事は、必要と感じていても繰り返し参加するような面白さはない。

そこで、防災訓練への参加者が少ないとか、若い人の参加者が少ないとかという実情に対して、遊び心を入れたものに変えていくのはどうだろうか。防災は、遊び心でやるようなものでないとお叱りを受けそうであるが、防災ありきではなく、共助を育てるためにまずは地域の場に参加してもらうことから始めないといけない。

　そのために、防災訓練等の行事を単独で行うのではなく、例えばイモ焼き会や小規模な花火大会など、お子さんとその親御さんが参加する行事として開催する、運動会等のスポーツイベントやお祭りのメニューに防災の項目を取り入れるなどの方法が考えられる。既に実施している地域もあるが、防災のメニューだけでは、若い家族や興味のない人は集まらない。興味が湧くイベントの中で、地域の共助と防災を考える取り組みを徐々に取り入れていくことが効果的だ。

防災行動の標準化

　大規模震災や風水害では当然に行動計画が異なるため、それぞれの災害に対応したマニュアルが作られることが多い。ただ、実際の災害が差し迫っている場面において、災害の指揮を取る自治会等の役員の数は少なく、短時間に詳細なマニュアルを確認することはほとんどできない。

　地域は役所ではない。災害対応のマニュアルはできるだけ災害に共通するものとして標準化し、行動計画は誰でもが対応できるようにシンプルにすることが望ましい。さらに、行動計画は文章形式とすることは避けて、時系列に表化してチェック方式とすれば格段に使い勝手は高まる。このような作業は簡単なようで意外と難しい。消防署等に指導を依頼して進めることが期待される。

体験型中心の防災指導

　経験できないことは知識として学ぶしかない。今や災害対策として学ぶために必要な情報は巷にあふれ、様々な方法で入手することができる。

　しかし、情報を得ただけで行動できると勘違いしてはいけない。必要なことは情報を知識に変え、知識を判断力と行動力に変える力を育てることであり、このため、防災指導は体験型にすることをより重視して行うことの必要性がよ

り高まっている。そのことが参加者の関心を引き出すことにもつながる。

まとめ

　災害が大きくなればなるほど、公的機関はその機能を迅速にかつ十分には発揮できなくなる。すべての人が自助で完結をすることができれば言うことはないが、災害時は決してそうはならない。家の中で頼りになるべき人が不在のこともあり、いざと言うときに家族を救うための近所の助け合いが必ず必要になる。

　特に時間とともに急速に拡大する火災という災害に関しては、地震発生後の短い時間に協力して近隣の火を消すという意識がなければ、延焼拡大して広い地域に危険が及ぶことになる。

　災害への想像力を膨らませることができるような小さな経験が難しくなっている現代では、消防はできるだけ体験をする機会を提供し、そこから発生頻度の少ない大規模災害に立ち向かう判断力と行動力を育てていくことが欠かせない。地域の防災力を高めることは、大規模災害時に消防機関の活動を優位に進めることにつながる。地域の自主性を尊重しつつ、共助の意識を継続的に育てより確実な応急体制作りの支援に向けて、効果的なプログラムを提供できる消防への期待は大きいものがある。

人口減少、少子・高齢化が消防にもたらすもの

　出生数の減少による少子化と人口減少（**図13−1**）が急速に進んでいる。国立社会保障・人口問題研究所が令和5年（2023年）4月に公表した将来推計人口によれば、令和5年生まれの人が33歳になるときには日本の総人口は1億人を割り込み、44歳になれば8,000万人台になるという。日本の総人口は平成22年（2010年）がピークで既10年以上にわたり人口減少が進んでいるが、新型コロナウイルス感染症の影響があって、令和4年（2022年）の出生数は初めて80万人を割り込み、これまでの国の予測より10年以上早く少子化が進んでいることになる。

　人口の減少は、社会生活に様々な形で影響を与える。特に過疎化が進む地方都市では、日常生活を支えているスーパーマーケットや銀行、医療機関などの施設の経営が成り立たなくなって、廃業したり縮小する施設が出てくる。さら

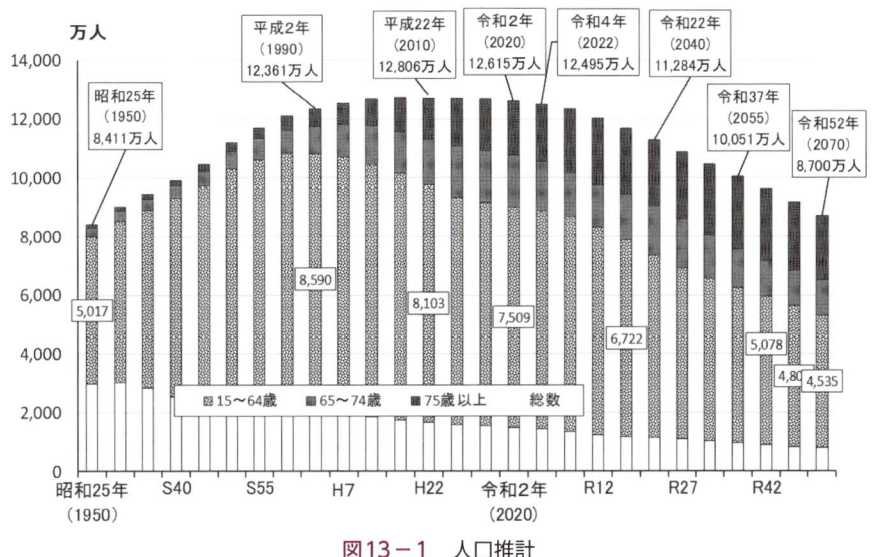

図13−1　人口推計

（高齢社会白書から作成）

には税収入の落ち込みにより道路や橋など行政の責任で行うインフラ施設の改修が計画的に執行できなくなり老朽化が進むと心配されている。中でも、料金収入により経営する水道事業への影響は深刻で、消防行政は水道事業と大きく関係していることから、震災時も含めて火災の防御活動に影響してくる可能性がある。

日本では高齢化社会と呼ばれて既に50年余が経過しているが、高齢化の進展は単に65歳以上の人が増え続けるということだけではない。核家族化の進展はもとより、都市部への勤労場所や人口集中などが進むことにより、残された家族の一人暮らしの高齢者が増えていくことになる（**図13－2**）。そして高齢者の増加によって老人福祉施設等の供給が追い付かなくなれば、自宅でケアをする人が増え一人暮らしの高齢者の火災による危険性は一層に増していくことになる。

こうした大きな社会変化はこれからの消防行政にも新たな脅威となり、決して目をそらすことはできない。この先20年後、30年後の消防行政を見据えた場合に、一体どのようなことが起きるのか。そして、それに対応するため、長期

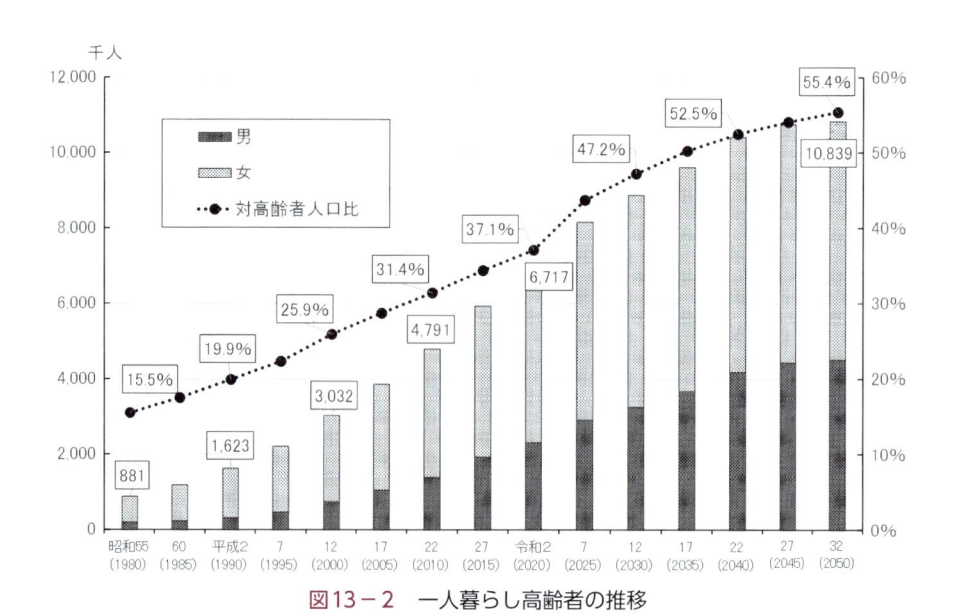

図13－2　一人暮らし高齢者の推移

(高齢社会白書から作成)

的な視野に立って今から準備できることは何なのか早急に考える時に来ている。

1　高齢化の進展と火災による死者

　最近高齢者が運転する交通事故がしばしば報道され、もしかして増加しているのではとの印象を受ける。しかし、交通事故は車の安全性の向上や交通規制の強化等が功を奏して、その死亡者数は全体で着実に減少しており、高齢者の死亡者数も減少している。また、免許を保有する高齢者の交通事故も数字上は減少しているのである。高齢者が関係する交通事故や死者数が増えているという印象があるのは、交通事故の全体に占めるこれらの割合が増加していることに一因があると考えられる。

　では火災はどうだろう。全体の火災による死者数は減少しているものの、高齢者の死者は、人数も全体に占める割合もいずれも顕著な増加傾向にある。交通事故と火災とは一概に比較はできないが、高齢者が関係する交通事故は高齢者が増えているにもかかわらず減少していることから安全対策が着実に機能していると言える。しかし、火災に関しては、安全対策を進めているにもかかわ

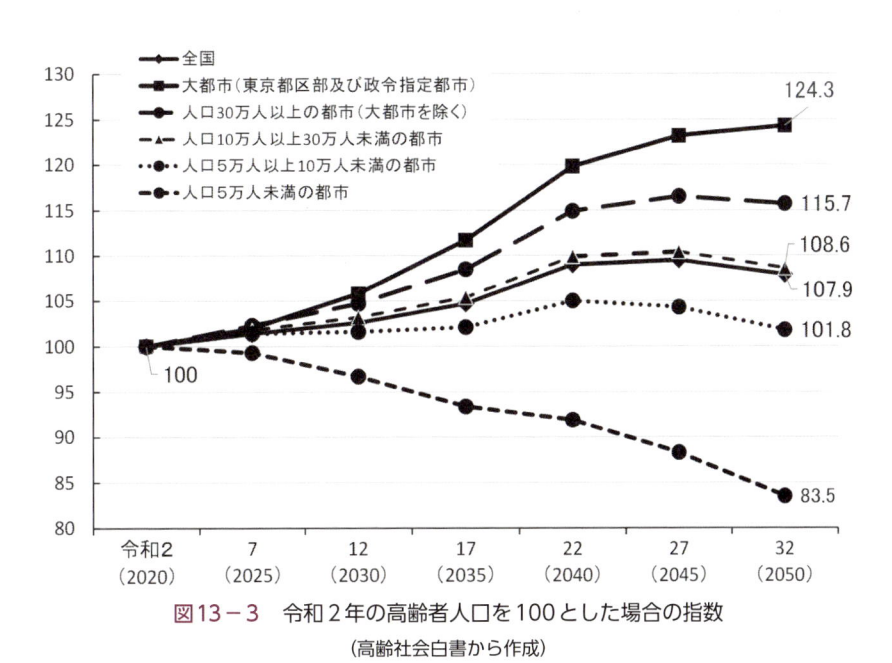

図13－3　令和2年の高齢者人口を100とした場合の指数

（高齢社会白書から作成）

らず住宅を中心に高齢者の死者が減少していない。これは、単に高齢者が増加しているということだけが要因となっているのではなく、戸建て住宅を中心に住宅建物に特有の危険性が変化しているということにも関係している可能性がある。

高齢化は、今後東京都区部や政令市で急速に進むと予測されている(図13－3)。このため、地方のみならず都市部においても、現在の消防体制や活動方法、住宅に対する予防行政のあり方の検討が必要であり、これを怠れば各地で火災による死者が増加していくということになりかねない。

2　地方都市における焼損面積の増加

火災件数と死者数が全体的に減少傾向にあるのは、これまで消防に携わってきた関係者の長年の努力と様々な安全に関する科学技術の進展の賜である。ただ、建物火災1件あたりに着目してみると、焼損面積や死者の発生率は増加傾向にあり、特に住宅火災では死者の増加傾向は大きい。これについて、東京消防庁及び政令市（以下「政令市等」という。）とそれ以外の消防本部を分けて最近30年間の傾向を見てみた(図13－4・図13－6)。なお、政令市は年によって数が違っていることから、それぞれの時点での政令市となっている都市で算出している。

その結果、まず建物火災1件あたりの焼損面積は政令市等とそれ以外の消防本部では約4倍の開きがある。政令市等では阪神・淡路大震災で神戸市内の焼損面積が大きかったことから、平成7年（1995年）にピークはあるものの、そのほかの年では30年間で概ね横ばいである。ところが、それ以外の消防本部ではわずかながらも増加傾向となっており、近年では60㎡を超えている。この数字は、住宅火災で一度火災になればほぼ1棟に近い面積が焼失することを意味している。実に昭和40年代中頃から後半にかけて、建物火災の件数が現在の2倍以上あり、ポンプ車の台数が現在の6割程度しか配置されていなかった時代の全国の平均の焼損面積とイコールである。

この数字をどう受け止めれば良いのだろう。消防力の整備指針では、基本的に隣家に延焼拡大しないで1棟独立火災で治めることを想定して消防署所やポンプ車を配置する基準となっていることから、60㎡程度の焼損面積は消防力の

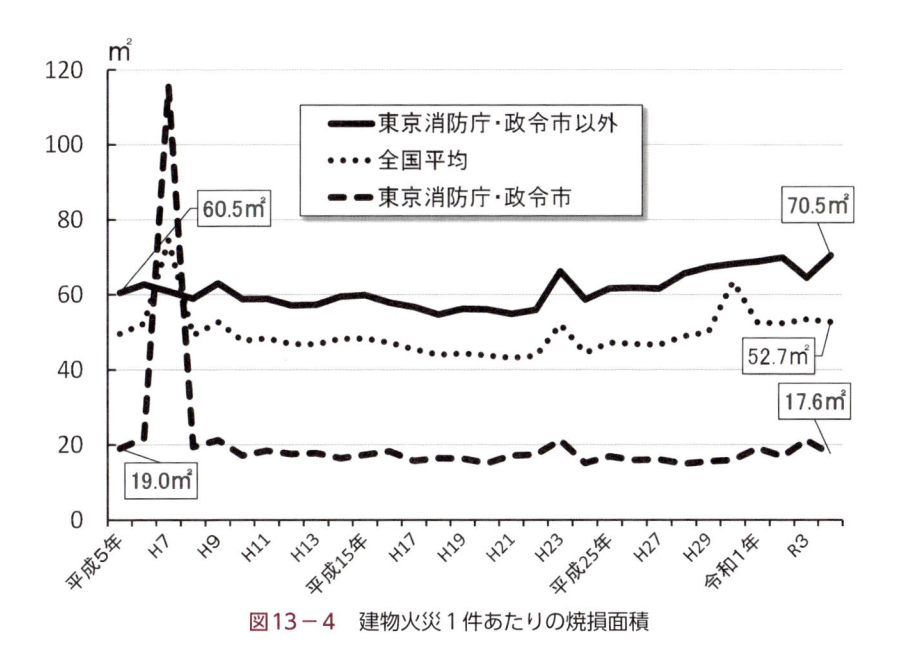

図13－4　建物火災１件あたりの焼損面積

整備指針の想定内であると言える。ただ、それだけで片付けて良いのだろうか。地方で農地などが広がっている農家の住宅では、近隣の建物との間隔が比較的広くなっているが、このような地域ではもともと消防団員による活動も含め、延焼を防ぐというよりも１棟の焼損面積をできるだけ抑えるという視点で活動が行なわれてきたのではないだろうか。

　消防の目的は災害からの物的及び人的被害を軽減することである。通信指令システム、消防車両、消防資機材等の性能が飛躍的に向上し、消防署所や消防車両の数が増加している中で、１件あたりの焼損面積が50年前と変わっていないというのは何とも納得しがたい。

　焼損面積が増えているのは、防火対象物が大規模化しているからではないかとも考えられるが、大規模な防火対象物が比較的多い政令市等では焼損面積が少なく推移していることから、この考えは必ずしも当たらない。

　政令市等以外で焼損面積が増えている要因の一つに住宅火災で焼損面積が増加していることが考えられる。今後人口が減少すれば、消防署所から離れた地域で迅速な消火活動を担う消防団員の減少にも拍車がかかり、さらに消防本部

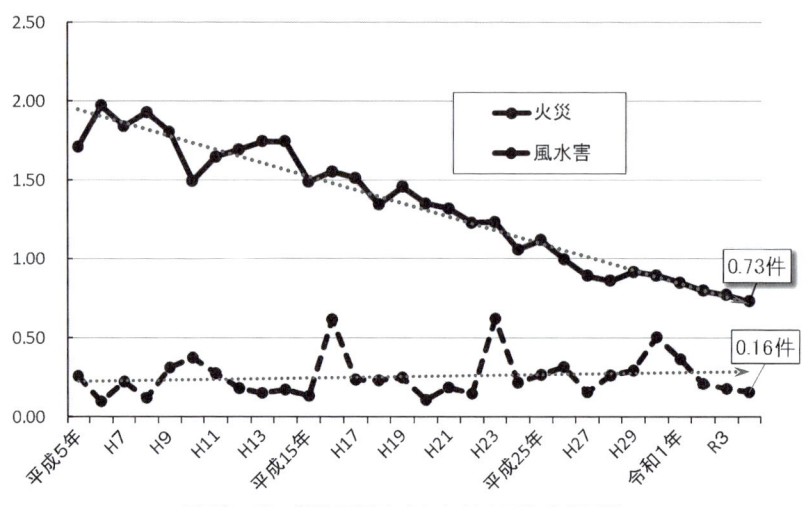

図13－5　消防団員1人あたりの平均出場回数

　の予算の減少や救急件数の増加によりポンプ車の配置数が減少するようなことになれば、こうした傾向が益々大きくなっていくのではないだろうか。

　ちなみに、消防団員1人あたりの年間の火災の平均出動回数は減少傾向にあり、昨今は1を下回っている（**図13－5**）。風水害の出場と比較するとその減少率が大きい。言うまでもなくこれは火災件数の減少が影響していると思われるが、その減少率は火災件数の減少率よりも大きいことから、消防団員のサラリーマン化によって地域外に出る時間帯が多くなり、火災出動が少なくなっているなどの原因が関係しているおそれがある。いずれにしても、消防団員が消火活動に出場することが少なくなっていることは間違いない。

　また火災による死者の発生率については、火災全体の数字であるが、これも政令市等以外の市町村での発生率が高くなっており、概ね1.5倍の開きがある（**図13－6**）。死者の発生率は、政令市等及びそれ以外の市町村でいずれも増加傾向になっている。

　消防は、常に新たな車両や資機材を開発して進歩し、災害を教訓にして新しい技術や知識を磨きながら訓練に励んでいる。それは、昨日救えなかった命を明日は救えるようにしよう、昨日の火災による焼損面積を明日は1㎡でも少なくできるようにしよう、とする強い思いがある。焼損面積や死者のこれらの傾

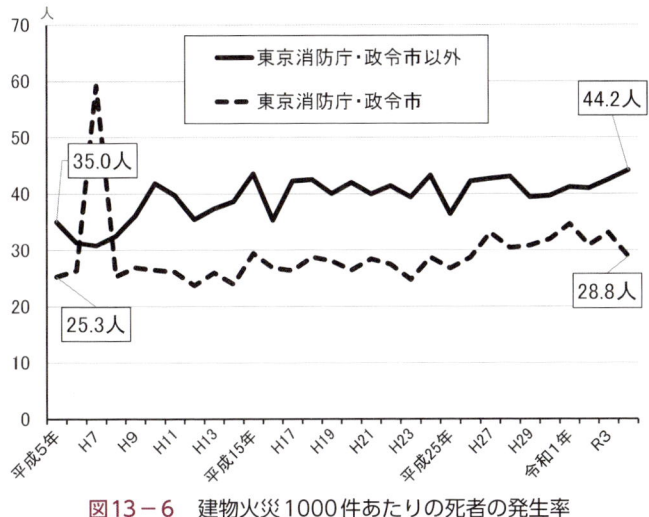

図13－6　建物火災1000件あたりの死者の発生率
（消防白書及び横浜市消防年報から作成）

向は平成初期の頃から表れて始めているものであるが、様々な社会現象が進んでいく中で、この先20年、30年とさらに問題が大きくなっていくとしたら何らかの対策が必要だ。

3　火災等における現着時間の拡大と消防の広域化

　最近30年の火災時の覚知から放水開始までの時間について見てみる。5分以内及び5分〜10分が減少傾向にあり、10分〜15分、15分〜20分及び20分を超えるものが増加傾向にある（**図13－7**）。単純に中間値をとって平均現着時間を計算すると、最近10年間は10分を超えている。木造の建物火災の防御を考えるとかなり厳しい数字である。

　覚知から放水開始の時間は、①119番受信センターにおける覚知から消防署所における出場までの時間、②出場から現場の到着までの走行時間、③現場に到着後に放水開始までの時間で構成される。覚知時刻とは、火災報告取扱要領では入電時刻又は指令時刻を記載することとなっている。覚知時刻を指令時刻と同じと仮定すると、一般に覚知から出場までの時間は0.5分程度としているが、覚知から出場までの時間は、より慎重な現場確認作業などが増えていると

しても、指令システムの機能向上や日頃の出場訓練によっておそらくあまり変わっていないか短縮されている。また、現着から放水開始までの時間は、消防車両や資機材の性能の向上によりこれも同様である。

となると、覚知から放水開始までの時間が長くなっている要因は、出場から現着までの時間が伸びている可能性が高い。

消防力の整備指針の考え方では、都市部では出場から放水開始までの時間を6分30秒以内としており、覚知を指令時刻と同じとして捉え一般的な出場までの時間0.5分を加えると7分である。なお、覚知を入電時刻と捉えると若干長くなる。

改めて図13−7を見てみると、覚知から10分以内に放水開始した火災件数の割合は、平成5年（1993年）は約86％であったものが、令和4年（2022年）には約41％まで減少している。火災件数が減少し、消防署所や車両の整備が進んでいるにもかかわらず、消防力の整備指針の考え方による時間内に放水開始できたとしているのが減少傾向にあり、昨今では半分以下となっているとい

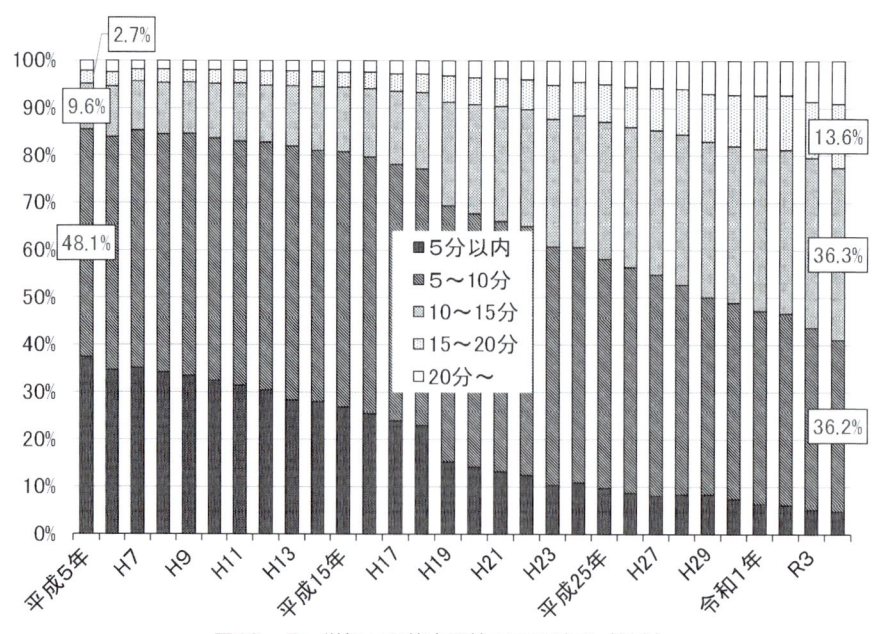

図13−7　覚知から放水開始までの時間（割合）

うことだ。その要因は、出場から現場の到着までの時間が長くなっている可能性が高いことは前記のとおりで、消防署所から火災現場までの距離が遠くなっているのか、渋滞など交通事情の悪化により走行速度が遅くなっているのかのいずれかである。

　筆者は、建物火災1件あたりの焼損面積が増加傾向にあるのは、火災の発見から通報までが年々遅れていることに一因があると分析しているが、加えて現着時間の遅れが焼損面積の増加につながっているとしたら由々しき問題である。通報の遅れは、住民の意識の変化や家族構成の変化等によるもの、建物外部からの火災の発見が難しくなってきていることによるものなどが考えられるが、もし住民による通報の遅れが進んでいるとしたならば、消防機関の活動によってフォローできる仕組みを作り上げないといけない。

　ちなみに、建物火災のうち最も件数の多い木造建物の延焼率（火元建物以外の別棟に延焼した火災件数の割合、**図13－8**）は上昇傾向にあり、最近10年くらいは3割を超えている。延焼しないことを目標に消防署所等の配置を行っているものの、木造建物の火災に関しては1棟独立火災で抑え込むことが難しくなっており、このことは、「2　地方都市における焼損面積の増加」で記述

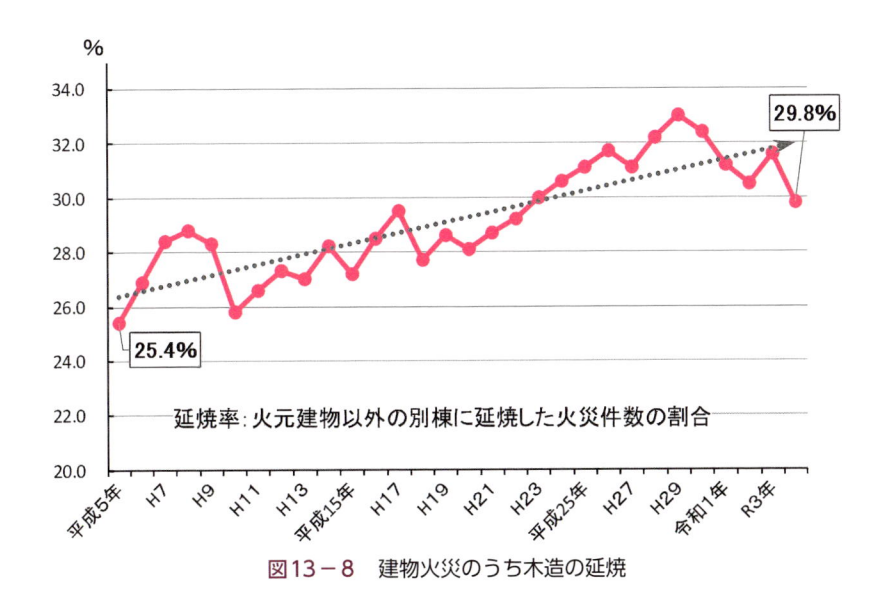

図13－8　建物火災のうち木造の延焼

した焼損面積の増加にも関係している可能性が高い。現着時間が延びていることが影響しているのか、現着後の火災防御が難しくなっているのかのいずれかであるが、火災戦略として検討すべき重要な課題が浮かび上がっている。住宅建物の外壁構造の不燃化や内容物の燃焼性能変化により、住宅火災の消火が難しくなっていることも考えられる。

　一方、救急はどうだろう。救急車による現場到着時間（入電から現場に到着するまでに要した時間、図13−9）は、最近20年間で、5分未満が減少し、5分以上10分未満、10分以上20分未満、20分以上が増加傾向にある。現場到着時間の平均は、平成15年（2003年）は6.3分であったものが令和4年（2022年）には10.3分と、4分遅くなっている。入電から出場までは短縮していることが考えられることから、その要因は走行距離が長くなるなど走行時間が長くなっていることが推測される。ただ、救急出場の場合は出場件数が増加しており、指令時の出場地点が消防署所とは限らずに、医療機関であったり、あるいは別の出場現場ということも考えられ、これらが原因となっている可能性はある。

　現着時間や延焼率の推移を見てきたが、現在鋭意進められている広域化の施策では、対住民への直接的なメリットの一つとして現着時間の短縮が掲げられ

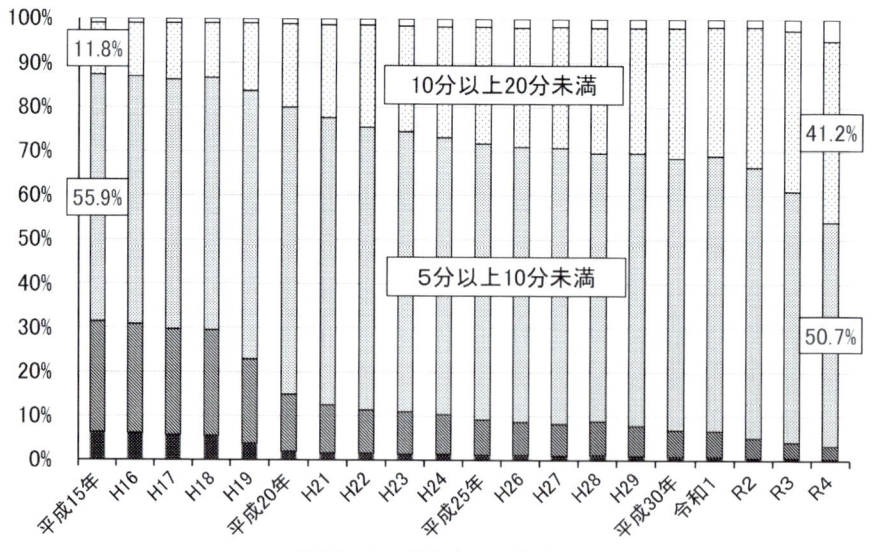

図13−9　救急車の現着時間

154

ている。広域化を実施した地域では現着時間の短縮が達成されているという報告があり、今後の人口減少を踏まえながら、これらの効果をさらに高めるため、改めて総合的な消防戦術を検討し、物的・人的損害を一層少なくするための策が必要だ。

4　高齢者を火災から守るための新たな予防戦略の構築

戸建て住宅における自動通報システム

　火災は、時間の経過とともに拡大するという特徴を持った災害である。このため、住民や事業関係者に対して、早い通報、早い初期消火等を呼びかけており、消防機関としても早い現着、早い火点の発見、早い放水活動を常に追究している。しかし、消防団員による活動体勢も含め、もともと消防による火災活動は建物関係者による初期消火や避難活動を前提としたものであり、近年の様々な社会変化により建物火災を小火で抑えたり死者の発生を防止することが難しくなっているとしたならば、その前提を支える予防面からの新たな住宅防火対策を進めるしかない。例えば、住宅用のスプリンクラー設備等の消火設備の設置、コンロ等の電化やそのための電気代の補助などである。

　米国では、かなり早くから州の条例等で住宅用のスプリンクラー設備の設置の規制が強化され、一定規模の増改築等の場合は遡及適用する例もある。一方、日本ではどちらかというと住宅以外の一般防火対象物に規制の重点が置かれ、住宅は個人の責任に委ねられている。しかし、住宅火災による死者が高い割合を占めるようになり、特に高齢者の死者が増加している中で、従来の考え方を転換し新たな予防戦略を構築する時期に来ているのではないだろうか。仮に日本特有の歴史的な背景から戸建て住宅へのさらなる法規制が困難だとするならば、米国で一般の防火対象物が保険制度に絡めて消防用設備等を設置しているように、住宅に対する火災保険などと絡めて一定の安全基準を満たした場合は保険料が減額されるといった制度にすることも一つの方法である。

　また、連動型の住宅用火災警報器の普及が進んでいる中で、特に人口減少の著しい地域にあっては、住宅火災の発見・通報と消火活動をより迅速に行うため、高齢者の居住する住宅等に対して、住宅用火災警報器の信号を一般電話回線により自動的に消防へ通報するシステムの導入が期待される。

現在は、東京消防庁や一部の政令市で導入されているが、むしろ１つの消防署所でより広範囲なエリアを受け持っているような地域でこそ導入を推進し、焼損面積と死者の減少を図りさらなる人口減少につながらないようにすべきであろう。

高齢者の居住する共同住宅の消防用設備等

　高齢者の火災への対応は、高齢者が多く住むマンション等でも新たな問題が出始めている。10階程度のマンションには、一般的に消火器や自動火災報知設備のほか、屋内消火栓設備や避難器具として避難はしごが設置されている。

　この屋内消火栓設備は、新しい防火対象物では一人で操作できる２号消火栓等が設置されるが、古い防火対象物では１号消火栓が設置されているものが多い。いずれの屋内消火栓設備であっても消火の際にバルブを開ける操作が必要になるが、高齢者の住人の中には手の力が弱くなりこのバルブの開ける操作ができなくなっているという。バルブが操作できたとしても、火災時にはホースを伸ばしたり筒先をしっかりと保持するという活動の危険性とも向き合わないといけない。このような防火対象物では消防計画に基づく自衛消防の組織である消火班をしっかりと活動できるように設置できるのだろうか。

　また、通常ベランダに設置されている避難はしごは、身体的にはしごを利用できる者を想定しているが、体の不自由な高齢者はもとより、健康な高齢者でも足や手の力が弱ってくれば、避難する際に迅速かつ安全に使用できなかったり、最悪の場合は転落の危険性も否定できない。自衛消防組織として避難誘導班も設置することになるが、階段とベランダの二方向からの避難を適切に誘導できるのかこれも心配になる。

　最近ではベランダの避難はしごについては、電動で上下に動くものが開発され実用化されているが、既存のスペースでこの避難はしごとの交換が可能なのかどうか、また年金等による高齢者が多い中でその改修費用を捻出することができるのかという課題はある。高齢者にとって共同住宅での生活は、火災そのものの危険に加えて、消火活動や避難の際にもさらなる困難が待ち受けているということになる。

　国土交通省のデータによれば、昭和55年（1980年）以前に建設されたマンショ

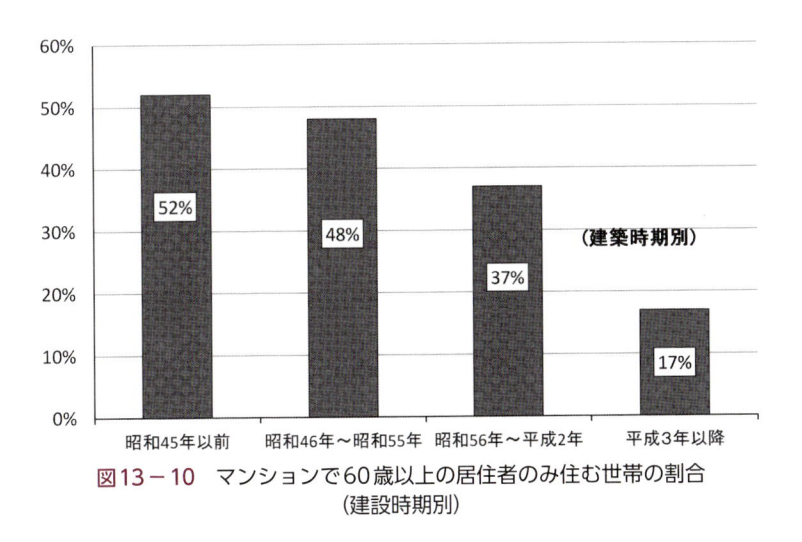

図13－10　マンションで60歳以上の居住者のみ住む世帯の割合
（建設時期別）

ンでは、60歳以上の居住者のみが住む世帯は50％前後になっている**（図13－10）**。今後年数の経過とともにこうした世帯が増加し、火災時に初期消火が対応できずに消防隊待ちということになれば、消防用設備等の本来の意味が薄れるばかりでなく、火災による危険性が増大してしまうことにもなりかねない。

　最新の防火対象物では消防用設備等の性能規定を使用して新たな消防用設備等が開発され設置されているものがあるが、多くの防火対象物では同じ仕様の消防用設備等が設置されている。仕様規定でも性能規定でも、高齢者が安全かつ容易に使用できる消防用設備等はあまり想定していないのではないだろうか。今後昭和40年代後半頃から各地で進められた大規模開発で造られた共同住宅等で朽化が進むとともに、その居住者はさらに高齢化が進むことを考えると、高齢者でも安全に使用できる消防用設備等の開発と改修促進が必要になってくる。

5　人口の減少等に伴う水道事業と消防活動への影響

　人口減少に伴い、料金収入で賄っている水道事業に大きな影響が出るとされているが、消火活動を消火栓に頼っている消防機関としてはこのことに無関心ではいられない。

　国土交通省のデータによれば、生活用水、工業用水、農業用水などの水の使

用量は、節水などの効果もあって、1990年代前半をピークに減少を続けており、生活用水の給水人口も2010年頃をピークに減少している。一方、（公財）水道技術研究センターの資料によれば、水道配管の老朽化の指標を表す、配管総延長のうち法定耐用年数（40年）を超えた配管延長は年々上昇し、令和3年度で22.1％となっている（**図13－11**）。また、令和5年（2023年）3月末時点の基幹配管（導水管、送水管、配水本管などの主要な水道管）の耐震化率は42.3％で、全体の半分以上が耐震化されていない状況にある。

　すなわち、水道を給水する対象が減り収入減が見込まれる一方で、配管の老朽化や耐震化の改修経費が膨らんでいく事態が進んでいるということである。令和3年（2021年）に公表されたある民間の調査によれば、2043年までに水道料金の値上げが必要とされる事業体数は全体数の94％に及ぶという。水道料金が値上げされれば、消防本部が水道部局に支払っている費用にも跳ね返りその影響は消防資機材の整備費などにも及んでくるおそれがある。

　では水道の使用量が減るということは、具体的に消防活動にどのような影響があるだろう。水道を各住宅に引き込んでいる配管は、一般的に口径が150ミリ

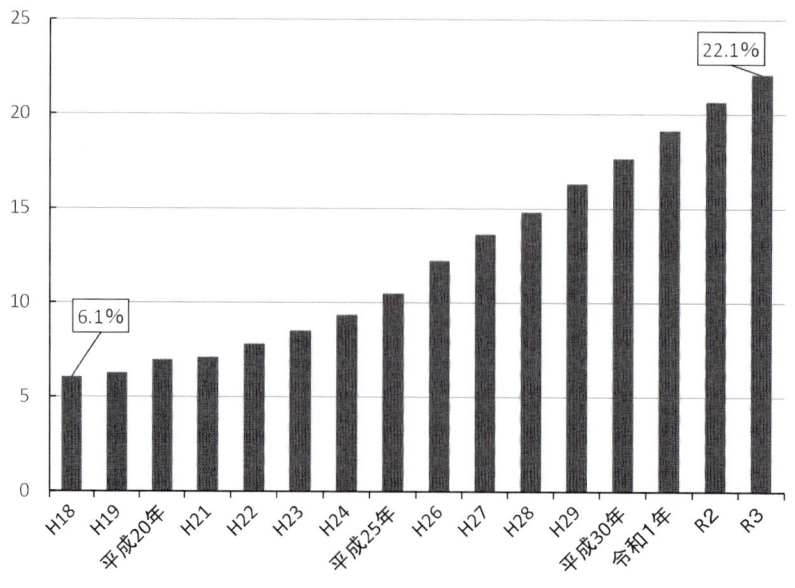

図13－11　水道配管全体の耐用年数（40年超過率）

メートル、100ミリメートル、75ミリメートルなどであるが、消火栓は、消防水利の基準により原則として直径150ミリメートル以上の管に取り付けられていなければならないとされている。

この基準は、令和5年（2023年）12月の「消防水利の基準」の見直しにより、一定の取水量が得られる場合は75ミリメートル以上の水道配管への消火栓の設置が可能となった。小さい配管口径への消火栓の設置は地方都市の実態を踏まえたもので適切な対応である。ただ、流量は一般的に配管口径と関係するので、口径の小さい配管の流量は計算上少なくなる。このため、迅速な包囲体制や大規模火災の対応を考慮し、将来にわたり関係する周辺地域の人口が減少しても、恒久的に消火栓から一定の流量が確保できるよう適切な管理が不可欠となってくる。

また、南海トラフ地震をはじめ各地で大規模地震の発生が懸念されているが、水道管の耐震化が進まなければ、地震時にあちらこちらで水道管が損傷を受けて断水し、消火活動はもとより住民に配付しているスタンドパイプなどの消火機材も使うことができない。令和6年（2024年）1月の能登半島地震では輪島市で発生した大規模火災において、断水となり消火栓が使えなかった。消火栓の使用不能は、阪神・淡路大震災でも課題となったことであるが、現在の水道配管の耐震化状況からすると地震時に消火栓が使えなくなることは想定内のこととして消火水の確保対策を進めないといけない。

今後人口が減少し水道の需要が一層減ることになれば、水道経営の効率化を進めるため、配管の改修時や老朽化に伴う交換時を捉えて需要に見合った細い口径のものに変更していく可能性が考えられる。配管の総延長のうち250ミリメートル以下の配管は距離にして全体の90％以上を占めるが、最近20年の250ミリメートル以下の配管の延長距離では、50ミリメートル以下及び75ミリメートルの割合が徐々に増加し、それ以上の口径の配管の割合が減少傾向にある（図13-12）。

配管が細くなれば、同じ配管系統の消火栓を使った多口放水による防御活動が難しくなり、遠くの別の系統の配管からホースを延長することを余儀なくされる。当然に現着から放水開始までより長い時間を要することとなり、迅速な消火活動に影響が出て、焼損面積の増大につながりかねない。

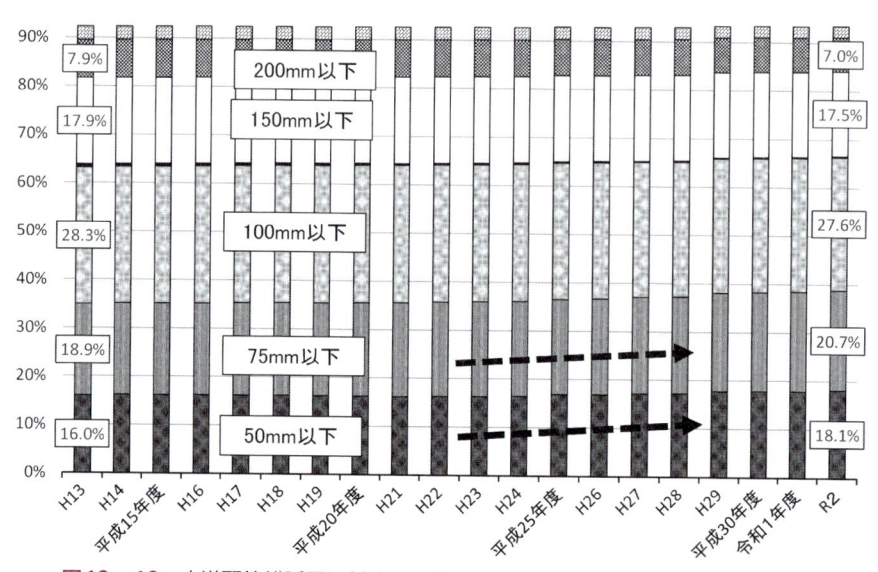

図13−12 水道配管総延長に対する口径250mm以下の配管の延長距離の割合

　今後、人口の減少に伴い水道の供給量が減少することを考えると、消防としては、火災現場において直近の複数の消火栓から十分な吸水量が得られない場合の防御計画を練っておくことはもとより、地震対策の意味合いも含め水槽車を計画的に増やしていくこと、使い勝手の悪い古い防火水槽は更新しながら新たな防火水槽を増やしていくこと、米国で運用されている少量の水を使用する消火薬剤による木造家屋火災への使用の検討など、多くを消火栓に頼らない新たな戦術の研究も必要になってきそうだ。

6 災害経験の減少に対する戦略的な人材育成

　筆者は、平成16年12月に開催された救助シンポジウムにおいて、社会における安全技術の進展に伴い、将来的に高度な救助事案の件数が減少する可能性があることに言及した。今日救助件数は増加しているが、増加の多くを占めているのは高齢者を中心とする建物の閉じ込め事故によるもので、機械や自動車による事故や特殊災害の事故など、特殊な機材と高度な知識・技術を必要とする救助現場はかつてほど多くなくなっている。今後科学技術のさらなる発展に

より、過去の経験のない新たな事故の発生は否定できないものの、総体的には安全に対する技術が進化し、都市型の特殊な事故が減少するとともにこうした事故の消防職員の経験は一層少なくなっていく。

また、自然災害は激甚化し広域化しているとされているが、市町村単位で見れば、大規模災害になるほど人の営みのサイクルと比較して長いスパンで発生し、住民はもとより消防職員にとっても発生した時が初めての経験となる例は多い。

いかなる災害に対しても高度な対応をめざしている消防にとって、経験のない災害に対しても確実な災害活動を行うことができるよう準備をしておかなければならない。このため、特殊な機材を使うなど高度な活動を行った災害については、それを確実に記録し情報の共有化を図りながら、教育・訓練に活用し習熟していくことが極めて重要になる。

また、過去に発生した災害と類似の特殊な災害が発生した際に、過去の経験と教訓を踏まえてより進化した技術を確実に適用できるように、データベース化した災害対応のプロトコルを現場の指揮本部に迅速に提供できるような、今よりも一歩進んだ情報支援システムの構築が期待される。

火災等の件数の減少は、狭い管轄区域内ほど経験できない事案が多くなってくることを意味しており、この点でも広域化は意義ある。ただ経験の共有は単一の消防本部の枠内にとどまらずもっと広域的な視点で考える必要がある。

大阪府及び大阪市は、大阪都構想の中で二重行政の解消と消防体制を強化するため2つの消防学校の統合を行い、これにより大阪市の消防学校は、高等専門教育を担う教育訓練センターとして位置づけられた。統合のきっかけは別としても、人口減少と災害経験の減少というトレンド、大規模地震等の発生が逼迫している中で緊急消防援助隊が都道府県隊として活動する場面が増加する可能性などを考えると、将来見越した大きな成果を生み出すのではと期待している。経験する災害の種類が比較的多い大都市とほかの都市の消防職員が顔の見える関係を構築し、その中で災害情報の共有と伝承を図りながら、消防全体としてのレベルアップをめざしながら、より実践的で高度な教育と訓練を行う必要性は今後ますます大きくなっていく。

まとめ

　人口減少とこれからの消防について、データを踏まえながら予測を試みた。現状を分析しながら将来のことを考え新たな施策を打ち出していくことは、必ずしも容易なことではない。消防車両などを含めた施設等については中期的計画の中で整備を進めている消防本部は多いが、予算が単年度ごとに編成される仕組みもあって長期計画の立案が難しい一面もある。特に災害等のトレンドを分析しながら将来あるべき姿を考え、対応計画を予算に反映していくことは、相当な説得材料が必要である。

　楽観的に考えれば、今後減少するであろう都市型災害等に対して、よりコンパクトな消防力で対応できるようになることも考えられる。しかし、高齢化の進展は既に消防行政に大きな影響を及ぼしており、人口減少等の社会環境の変化も消防に及ぼす影響は甚大なものとなる。定年延長に伴う高齢の職員の活動体制の確保や若い人材確保と育成、火災の減少に伴う警防技術や調査技術の向上、また地方都市における火災予防の対象となる防火対象物の減少に伴う査察技術の向上など、その影響は消防全般にわたる。消防は引き続き技術の高度化を図りながらも、ベースとなるべき技術や知識をどのようにしっかりと支えていくか考えないといけない。

　これらに対処するための特効薬的な方策を見いだすことは容易ではないが、まずはこれらの事実をしっかりと認識しながら、新たな戦略の構築に向けて議論を進めていくことが不可避である。

第14 20年後、30年後の消防はどうなっている？ ［その Ⅰ］

　平成から令和の時代に入り30年余が経過し、この間に消防行政は、大きく変わってきた。阪神・淡路大震災や東日本大震災に加えて痛ましい犠牲者を伴う火災が多数発生し、これらを教訓として実に様々な消防法令の改正がなされ、制度が創設された。また、社会的な要請を受けて救急救命士制度が創られ、消防団新法も制定された。一方、この間に科学技術は大きな進歩を遂げてきた。特に、情報通信の手軽さとスピードの進歩は目を見張るものがある。平成初期には海外との通信において衛星通信が使用され、事業展開にあたっては衛星通信の利用が不可欠とされていた。このため、主要都市における大規模な開発では、事業者の誘致に大きなインセンティブとなるパラボラアンテナを複数備えた通信施設の整備が計画された。しかし、その後世界各地と海底ケーブルが張り巡らされ、通信が安定するとともにインターネットが普及して高速化し、衛星通信は別の用途へと変化している。また、なんと言ってもバッグのように大きくて重い携帯電話が、今では手の中に収まるスマートフォンへと変化し、その通信速度は当初の10万倍（**図14－1**）にもなり、大容量の情報を高速で通信できるようになっている。

　筆者はかつて横浜市のリーディングプロジェクトであるみなとみらい地区の開発の重要インフラとなる情報通信事業に携わっていた際に、当時としては最先端の技術を持つ企業との議論を重ねていたが、今日の情報通信のめざましい進歩は想像もできなかった。今日では通信の国際規格である５Ｇは既に全国の人口カバー率が90％を超えており、今後その先の６Ｇ仕様へと広がっていくと、その処理能力はさらに10倍、100倍となって大容量のデータをより早く処理することができるようになり、２時間の映画を１秒もかからずにダウンロードできるようになるという。

　これから20年、30年の消防を展望するときに考えなければならない社会的潮流の要素は、こうした情報通信技術の進歩をはじめ、人口知能（AI）、ロボット、バイオ、量子コンピュータ等最先端技術の進歩、少子・高齢化や人口減少の進展、

気候変動に伴う異常気象の影響と豪雨災害の激甚化等、地球環境問題への取り組み、南海トラフ地震や首都直下地震等の大規模地震の逼迫性、防災安全教育の高まり、訓練や教育のバーチャル化、救急の利用に対する価値観の変化など、思い浮かぶものだけでも実に多岐にわたる。これまでの30年が予想できなかったように、これからの30年を予想することも決して容易ではない。

　様々な社会環境の変化を受けつつ消防行政は変革を遂げており、おそらく今後もその流れは加速されていく。ただ、火災等の災害現場での活動を主な任務とする消防は、類型化したデータの蓄積だけでは対応できない側面も有しており、将来にわたっても、いわばアナログ的な活動との共存を模索して行かなければならない。

　本章では、急速に進む社会環境の変化を踏まえながら、20年後、30年後の消防について、少し考えてみたい。

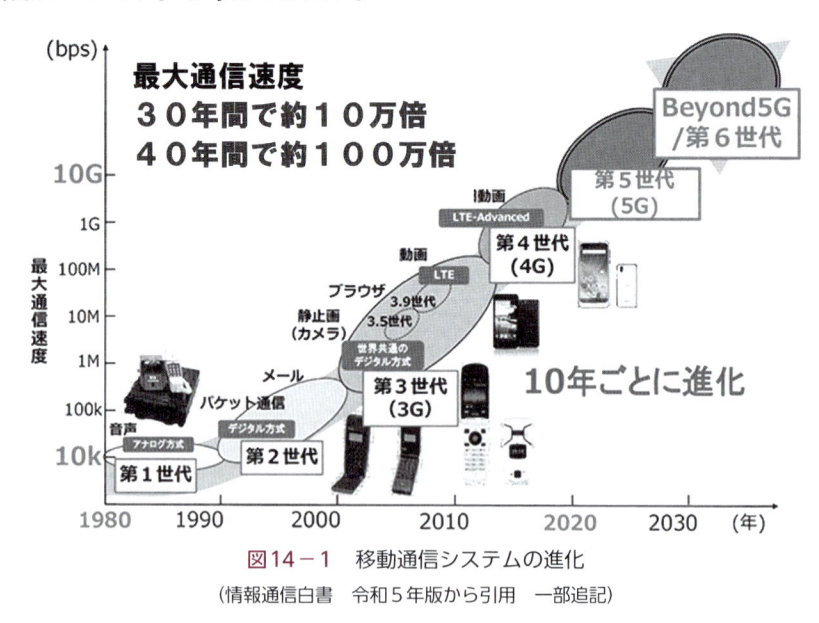

図14−1　移動通信システムの進化

（情報通信白書　令和５年版から引用　一部追記）

1　住宅火災にはAIが活躍

　改めて消防法の立法趣旨を振り返って見る。昭和23年（1948年）５月の国会本会議における提案趣旨説明では、「従来の日本の消防は、予防に関しまし

ては余り重きを置いておりませんでしたが、この消防（法）におきましては、火災予防に非常な重点を置いた次第であります。また、消防側に広大なる職権を付与した次第であります。」と説明された。当時の火災件数の多さを憂いながら、火災予防に重点を置く姿勢が打ち出されている。

　消防法制定以後の全国の火災件数は、ピーク時には7万件を超えていたが昨今は半分以下となり、また、建物火災については4万件を超えていたがこれも半分以下となっている。これまで消防が行ってきた火災予防へのたゆまぬ努力、そして消防から関係業界への働きかけにより、発火源となる火気使用設備や電気設備等の安全技術を推し進めた結果であり、その成果は大きい。消防の取り組み、そして科学技術の進展と安全に対する意識の変化は、この先20年、30年と、その様相が変化しながらもおそらく火災件数は減少に資していくものと思われる。

　今後長期的に全体の火災件数が減少していくと、消防予算の獲得に向けて予算担当の部局に対する説得力が弱くなる。少子・高齢化に伴う市町村全体の義務的経費の増大や人口減少に伴う歳入源と相まって、将来的に署所の配置やポンプ車を中心とする赤い車の配置が見直される可能性も否定できない。

　かつては多数の人々が利用する防火対象物において多くの犠牲者を発生するような火災が多数発生した。これにより、防火管理のソフト面の規制が強化され、また消防用設備等の規制が小規模の防火対象物まで広がり、犯罪的なものを除けばこの種の火災は減少してきている。しかし、一方で住宅火災の件数は建物火災の6割近くを占めるようになっており、火災による死者に至っては9割を占めている。一般の防火対象物に比べて住宅の総数は桁違いに多いことから、火災の発生率で比較すれば必ずしも高くはない状況にはあるものの、住宅火災への対策を一層強化する必要性が高まっていることは間違いない。

　一般防火対象物では、消防法令により通報、初期消火及び避難誘導を適切に行う体制と消防用設備等が整備されている。しかし、戸建て住宅では、住宅用火災警報器の普及により火災を発見する機能は向上しているものの、消火器の設置義務はない。建物構造の不燃化は進んでいるとはいえ、火災発生時の通報、初期消火及び避難計画に対する指導は実施されているとは言いがたい。個を重視する社会の中にあって、個々を捉えれば被害が小さいとも言える住宅火災の

人的・物的被害に対して、消防が今後どういう戦略で住宅火災のさらなる減少に向けた取り組みをしていくのか手腕を問われるところである。

いつの時代においても火災対策として最も重要なことは、火災を早期に感知し、いち早く消防署に通報するとともに、火災が大きくなる前に初期消火を行うことである。これに対応すべく、将来的には住宅火災対策にも最新の情報通信機器が活用される。まず、火災の感知部分は、煙、熱、炎にかかわらず、多くのデータが蓄積され学習機能と画像認識機能を有する AI 技術を駆使し、通常の熱や炎なのか、それとも火災に該当する異常なものなのかを素早く察知できるようになる。もし異常な状態と判断したならば、すぐにその映像とともに119番センターに自動通報する。AI技術と高速で大容量の通信設備によって瞬時に正確な情報を送信・通報することが可能となる。映像によって指令課員が火災であるか否かを即座に判断し、消防署や消防団の迅速な出動につながることは言うまでもなく、避難や初期消火の実施状況の確認とこれらの行動を促す声かけを行うこともできる。さらに自動の消火設備が設置されていれば、遠隔操作をして、家人に代わって火災を小火で抑えることも不可能ではない。消火の場面では、家庭用ロボットとの連携も考えられる。AIによって火災かどうかの判断の迅速性と確度を確保し、最終的な判断は人である指令課員が判断をすることになる。昔映画やテレビドラマで見たような未来の住宅の姿がここに実現する。

将来的には、家庭内の家電のほとんどが通信機能を持つようになると言われているが、情報通信白書によれば全国の総世帯に対する光ファイバーケーブルの整備率は令和 4 年（2022年）

［AI（Artificial Intelligence）でできること］
・　多くのデータを学習し、最適な解を選びだす
・　画像が何かを認識し判断する
・　異常を検知する
・　的確な音声認識をする
・　起こり得ることを予測する　など

［消防分野において考えられる活用例］
・　火災が発生しそうな異常を検知し自動通報、自動消火
・　音声認識による自動１１９番通報
・　化学物質による爆発などの二次的災害危険の予測
・　放火が予測される警戒場所を予測
・　火災の拡大・推移を予測
・　経験を補う消防隊への最適な消火戦術を支援
・　火災等の最適な避難ルートを提示
・　災害時における自衛消防隊の優先活動順位を提示
　　　　　　　　　　　　　　　　　　など

３月現在で99.7％とほぼ100％になっており、消防への通信手段としてこれが活用される。今後高齢者の増加に伴い高齢者宅からの火災は引き続き多くなると予想される。火災発生時の対応についても通信機能を有効に活用し、住宅設備、街中の通信インフラ、そして消防指令システムを結びつけた都市全体としての火災に対する安全システムが構築されることになる。まずは、高齢者宅からこうした装置の普及を進めることになるだろう。

　これらの設置を進めるのは、予防業務である。新たに建築される防火対象物に対して行う消防同意や危険物施設に対する許可等は、相手を特定した形で指導が行われるが、現在の住宅への防災指導は、どちらかというと漠然とした複数の相手に対して行われている。今後は、ターゲットをより明確にしながら、具体的な対策を指導していくことが考えられる。

2　火災原因の特定が一層困難に

　少子高齢化と人口減少の進展によって、今後人が介在しないで機能する機器や空間が形成され増加していく。例えば、運転手がいない自動運転の車、監視カメラと自動決済機能を備え管理人が常駐していない無人の店舗、管理者が常駐していない太陽光発電施設などである。地方のみならす、混雑する都会でも、電車のワンマン運転や自動運転が当たり前になる。物流の迅速化と人手不足、過疎化が進む地域での人員や物資の搬送手段の確保、タクシーの人材不足など、無人運転の需要は少なくない。そのほとんどは遠隔地から監視され制御されることになり、直接的な人の介在が少なくなっていく。

　一般的に、火災原因を特定する際には、関係者の証言を参考にしながら原因となる場所や現象の検討をつけながら物証を探っていく。元来、火災は、出火原因に人的な要因が関係していることが多く、関係者の証言は重要な情報になる。火災現場における関係者の情報は、迅速な消火や救助作業に不可欠であるばかりでなく、鎮火後の原因調査の有力情報にもなっている。現在でも、出火時に関係者が不在で全焼した場合や建物内にいた関係者全員が火災により死亡している場合などでは、人的な証言が得られずに物証だけが頼りとなり、原因調査は困難を極める。昨今、死者の経過が不明な割合は増加傾向にある。

　通常、無人の店舗には監視カメラが設置されるため、人が介在する火災であ

れば原因は比較的容易に特定できそうである。しかし、人が介在していない火災となれば、物証だけで原因を特定せざるを得ない。数多くあるコンビニも無人化に向けた検討が行われていると聞くが、火災原因の問題以外にも火災となった場合の初期消火や避難誘導など含めた防火管理にどう対応するのかという新しい課題も出てくる。

　昨今、自動車や家庭内の設備は電気装置が増加するとともに電子化が進み、製品火災における原因の特定を難しくしている。今後通信機能や制御機能としてICチップが多数搭載されることは避けられず、火災原因の特定は一層難しくなり、無人化が進めばこれに拍車がかかる。例えば無人の自動車で火災があった場合の調査は車内の監視カメラが頼りになるが、放火やたばこの不始末などといった明らかに人的要素が関係していなければ、その原因は、走行装置や制御装置などの機械的・電気的なものによるものか、これに関係するコンピュータプログラムの不備による異常発生によるもののいずれかで、これに遠隔通信の要素が加わってくる。ともすれば、そのシステムの製作者やプログラムの開発者以外は原因が特定できないおそれもある。

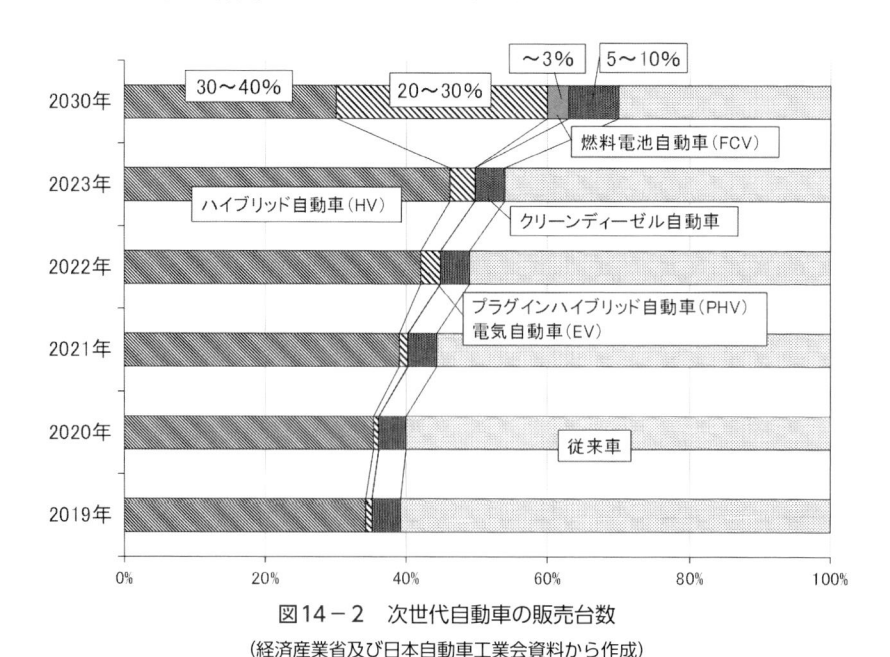

図14－2　　次世代自動車の販売台数
(経済産業省及び日本自動車工業会資料から作成)

　国内では、燃料電池自動車、ハイブリッド自動車等を含めたEV車の新車販売を2035年までに100％にする目標が打ち出されており **(図14－2)**、これに伴うEV車と充電施設の増加のほか、ドローンによる無人輸送や空飛ぶ自動車の運航開始、環境に配慮した大小の再生・新エネルギー設備・施設の増加、水素産業などのカーボンニュートラルの推進に伴う各種技術開発の加速、そしてこれらの技術開発に伴う工場や研究所における新たな化学物質等の開発や生産など、これまでにない技術開発とその周辺の変化が急速に進んでいく。新たな整備される設備や施設で火災が起こる可能性は容易に判断できないものの、多様な出火原因が出現し、場合によっては一度火災が起こるとその制御が困難になるとともに、原因が特定できない事態も一層多くなることが予測される。

　昨今、リチウムイオン電池を使用した電化製品の火災が増えている。EVも全固定電池が実用化されるまではリチウムイオン電池が使用されることから、当面は火災の発生危険と火災発生時の厳しい消火活動を余儀なくされることになる。

　原因特定が困難な問題の兆候は、既に見えてきている。火災原因調査は消防の火災予防の原点でもある。火災原因が不明なもの、また、複雑なものが増えれば、火災予防は新たな段階に移行しなければならない。痛ましい火災が発生し、課題が明らかになってから新たな取り組みが始まることが多い消防行政であるが、社会的環境の変化を踏まえ、体制、人材、システムを先取りして準備をしておく時代となっている。

3　消防機関への依存度が高まる

　近年、火災をはじめ、労働災害、交通事故などの発生件数等は減少傾向**(図14－3)** にある。これは様々な安全機能を有するシステムの開発や規制強化とともに、社会において安全に対する意識が着実に浸透してきた成果である。また、建物構造や設備の進歩により、大事に至らないような強風・大雨や小規模な地震に対しては被害の少ない居住環境が造られている。住宅内及び事業所内において、都市型災害はもとより、自然災害への脅威をある意味感じにくい環境が形成され、災害に対する危機への感性も変化し、咄嗟の行動をとるという意識が醸成されにくくなっているおそれがある。これにより、救急事案も含めたあらゆる災害に対する人々の自己対応への幅が狭くなり、災害発生時に災

害等の専門機関である消防機関に助けを求めようとする姿勢、依存度は益々大きくなっていくことが考えられる。

　大規模災害が起きる度にその対応が改善され、様々な媒体等を通じて広報される。災害対応に関する情報はインターネット上にあふれ、多くの情報を得ることができるようになっており、災害時の危機管理に対する理解が進んで災害への対応能力が向上している、と言えそうである。確かに防災への関心度は高く、備蓄などの自助に対する取り組みは着実に増えてきていることは確かである。しかし、大規模災害の発生後に行われるアンケートで、改正された内容を知らなかった、情報が伝わらなかったと回答している割合がなかなか減少せず、実際に避難行動を起こした人数は期待値をはるかに下回っている。

　現代は、様々な情報通信媒体により多様な情報が提供され、個人として関心のある心地よい情報だけを選んで見ることができる。豪雨災害等の危険性が迫っている際には、テレビやインターネット等では繰り返し注意や警告が流されるが、もし関心がないという理由でリアルタイムの災害情報を見ることがなければ、いざというときの行動には必ずしもつながらない（図14－4）。

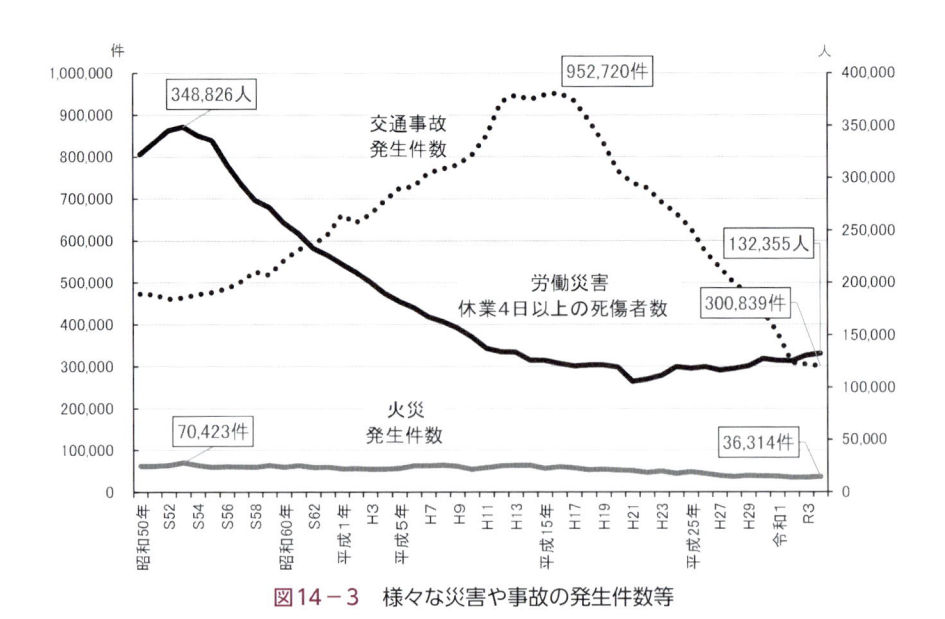

図14－3　様々な災害や事故の発生件数等

（警察庁、厚生労働省、消防庁資料から作成）

　気候変動により、これまで大規模な風水害が発生していない地域も含めて全国各地での豪雨災害等の発生の脅威は高まっている。しかし、日常の中での減少傾向にある小さな災害の経験と、突然起きる大規模な自然災害の経験との乖離は一層大きくなっていく。大規模災害を経験した地域の行動力は確実に上がっているが、次に起こる長いスパンの中での大規模災害への対応力は必ずしも経験値の蓄積によって向上するとは限らない。

　また、救急業務については、救急車の利用に対する近年の価値観の変化が今後さらに定着していき、人口減少や高齢化のピークに伴う利用減が見込まれるかは別としても、その利用は減ることはない。熱中症をはじめ、屋外での比較的軽微と思われる事故などにおいても、消防機関の救急車を拠り所とする事案は増えていく。

　最近では、医療関係者のみならず、報道機関、教育関係者、法曹関係者、損害保険会社等、様々な関係者が救急車の利用を呼びかけたり、救急車を代理で要請することを宣伝しているものがある。それだけ救急車の活動に対する社会

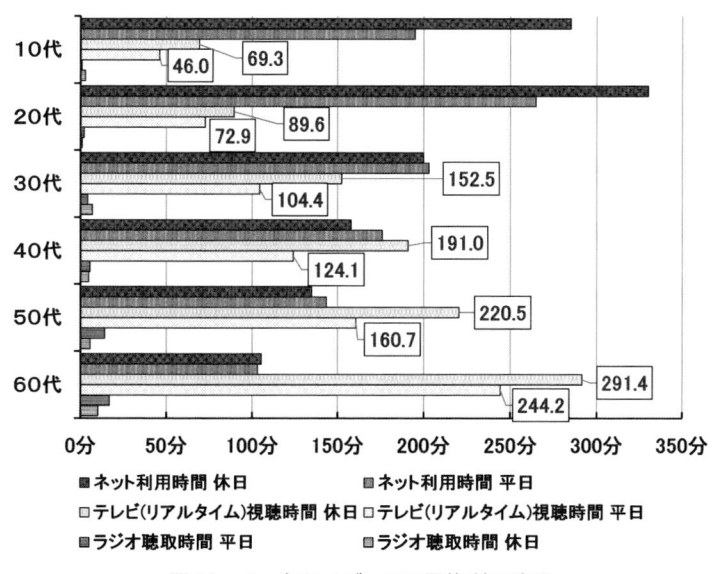

図14−4　主なメディアの平均利用時間

総務省情報通信政策研究所「令和４年度情報通信メディアの利用時間と情報行動に関する調査」から作成

的なステータスが上がっているということだとは思う。しかし、一部には、救急車を呼ぶ際の判断基準を明確にしていないものもあり、救急車を運用している消防本部からすると明確な基準を示さずに利用を促すことは、適正利用の視点から軽症者の利用を増やすことにもつながり課題がある。運用側から何らかの意思表示が必要かもしれない。

いずれにしても、社会環境の変化により、比較的軽微と思われる事案であっても適切に対応する機運が醸成されていること、また救急車の利用に対する価値観が変化していくことによって、今後20年、30年の間には、これまで議論されながらも曖昧なままに取り置かれた救急車の不適切利用等への対応について再度議論することになるかもわからない。

また、地域の共助としての防災活動を支える消防団、地域の自主防災組織や女性防火クラブなどの組織は、高齢化と地域のつながりの希薄化、そして就業環境や家事における分担の変化等により、地域によっては以前のように平時から熱心な活動が難しくなってきている。災害時における共助の必要性は一層高まっていくものの、平時における共助の役割は公助と自助に分散されていくことになる。

このように安全に対する社会環境が変化してく中で、この先、20年、30年と、災害対応の専門機関である消防機関への依存度は高まることになる。このため、消防は災害の対処能力の向上に向けて引き続き研さんを重ねるととともに、体制強化と住民への防災教育に一層力を入れて行かなければならない。

住民への災害対応教育は、火災予防としての予防業務とは少し異なるものであるが、今後は、自然災害による被害軽減の役割に、より一層重点を置いた予防行政へと変化していくことが求められる。

20年後、30年後の消防はどうなっている？［その Ⅱ ］

　令和5年（2023年）は、関東大震災から丁度100年の節目の年となった。M8クラスの元禄関東地震と大正関東地震（関東大震災）の間に発生したM7クラスの地震の発生状況からすると、M8クラスの地震の発生から100年を過ぎたあたりから地震の活動期に入るのではと言われている。この年に日本赤十字社が10代から70代までの1,200人を対象に9月1日の『防災の日に関する意識と実態調査（2023年8月）』行っところ、防災の日が、関東大震災に由来することを「知らなかった」割合は全体で49.2％にのぼり、特に30代では69.0％と最も高くなっている。防災への取り組みをどの様に伝え、それを自分ごととして受け止めてもらい、災害の危険性の認識と災害時の行動力にどう結びつけていくか、舵取りが難しい時代になっている。

　消防の将来につい実際どのようになるかは誰も分からない。消防のたゆまぬ努力によって活動能力が上がり、大規模災害への対応も含めて、あらゆる事象に的確に対応し大きく発展していくことが期待される。ただ、災害対応は、強いて言えば常に最悪を予測するという悲観論的立場を取りながら最善を尽くし、その予測に至らない結果をめざしていく、そんな世界である。

　現在の社会的潮流を着実に捉えたうえで準備を行い、将来の課題に果敢に取り組むことが、いつの時代にも共通する災害対応、危機管理の基本となる。

1　情報収集等にドローンや空飛ぶ車が活用される

　ドローンや空飛ぶ車の研究・開発や規制緩和が急速に進んでいる。既にドローンは低空からの映像や画像の撮影など様々な場面で利用され、安定性も向上してヘリコプターでは接近できないような場所から、これまで体験したことのないような角度や範囲の映像や画像が高精細で楽しめるようになっている。

　消防の現場を考えてみると、消防防災ヘリコプターによる活動が行われるようになって既に50年以上が経過しており、地上では行うことができない情報収集や救助活動に不可欠なものとなっている。近年、地球温暖化の影響による

ものか異常な豪雨災害が増加しており、陸上からの救助が困難なことが多く、ヘリコプターによる救助活動が有効に機能している。河川の多い日本特有の地形もあいまって、今後も自然災害の現場においてヘリコプターの需要は高まることは間違いない。

平成初期において、消防防災ヘリコプターは全国で20機を超える程度の数であったが、平成7年（1995年）に発生したの阪神・淡路大震災でその有効性や機動力が認められたことを契機に、消防庁をはじめ道県や政令市において導入されてその数は徐々に増加し、全国で77機（2023年現在）となり、沖縄県を除いてすべての都道府県に配備されている。

消防防災ヘリコプターの活動は年間数千件に及んでいる中、最近20年間の災害出動状況は、出場件数の多い方から救急、救助、火災の順で、この順位は20年間変化がない（**図15－1**）。ただ、全体の件数は東日本大震災があった平成23年（2011年）をピークに減少傾向にある。令和4年（2022年）の出場件数は、平成23年と比較すると救助と火災の減少割合が大きく、救急がこれに続いている。

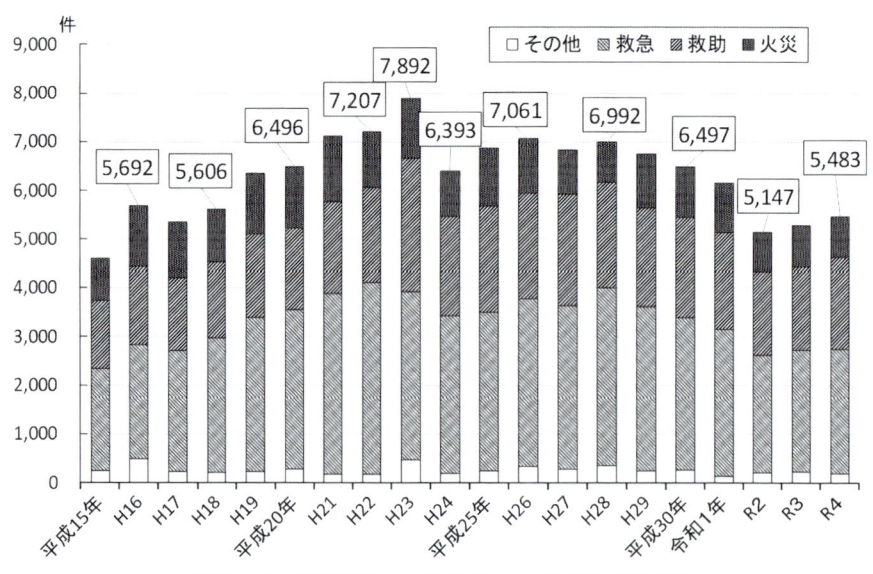

図15－1　消防防災ヘリコプターによる災害出動件数

　出場件数が減少傾向にある理由について、火災は全体の件数が減少していること、救助はヘリを使用するような活動が減少していること、救急は救急車の増車によって、救急車による搬送にシフトしているということが関係しているのだろうか。

　活動の内容について少し詳細に見てみる。火災について、消防本部保有のヘリコプターは建物火災への出場が相当数ある一方で、道県保有のものは林野火災への出動が主である。都市にもよるが、消防本部のヘリコプターは建物火災と訓練の出動がかなりの割合を占めており、道県のヘリコプターは山岳救助を含めた救助活動の占める割合が高い。

　消防防災ヘリコプターは、水害、大規模地震など広域的な災害において活躍を期待されるが、建物火災では災害現場の周辺を含め全体を俯瞰しながらより適切な防御体制のための情報収集と指揮本部への情報提供を主とする活動が多い。消防防災ヘリコプターは、情報収集と救助・消火等の活動の機能を兼ね備えているが、今後ドローンや空飛ぶ車の技術開発が進み、20年後、30年後には現在のヘリコプターの機能に近づくものとなり、少なくとも情報収集活動や資材等の搬送活動は代替できるようになる。高層ビル火災に対して、大型のドローンによる消火活動の研究・開発も進められており、それ以外の機能の搭載も夢ではない。

　ヘリコプターはその維持に莫大な経費を要するとともに、点検や部品交換の間隔が決められており、機種にもよるが、年間3か月程度、必要な点検が重なる年であれば半年程度にわたり運航不能になることもある。このため複数の機体による運用が不可欠であるが、今後少子高齢化の進展等で地方自治体の財政事情が一層厳しくなると、経済的でかつ操作性に優れ、より効果的に能力を発揮できるドローンなどへのシフトが予想される。これによって予算に余裕ができ、脅威が高まる自然災害等への新たな機材の投入に振り向けることも考えられる。

　20年後、30年後を見据えたときに、首都直下地震や南海トラフ地震等の大規模地震の発生が懸念され、これらの災害発生の際には緊急消防援助隊の活躍が期待されるが、ヘリコプターを運用している大都市の市町村消防でも管轄区域内の災害対応に追われるとともに、引き続き起こりうる大規模地震への体制の確保を余儀なくされ、広域応援及び受援への対応が十分にできないことも予想される。

このため、市町村消防全体としては、大規模災害の活動能力を一層強化し、都道府県においては、消防防災ヘリコプターの運航も含めた広域的な活動のとりまとめ役としての位置づけをより明確にするなど、都道府県と市町村消防の体制や機材を徐々に整理していく必要に迫られる可能性がある。

2 避難指示の判断と範囲などの確実性が増す

時雨量80ミリメートルを超えるような降雨が増加傾向にあり、これに伴う土砂災害の発生数（**図15－2**）や氾濫危険水位を超過する河川数が増加傾向にある。このため、地方自治体による避難指示や緊急安全確保を発令する必要性は年々高まり、気象庁が発する情報の改善が進んでいることもあり、着実に発令されるようになってきている。しかし、市町村による避難指示等の発令にはまだ課題があり、例えば地域が特定されず市町村全域の発令となった、避難指示よりも先に緊急安全確保が発令された、避難指示の発令が災害発生後になった、災害が発生した場合でも避難指示が発令されなかった、という事例が見受けられる。

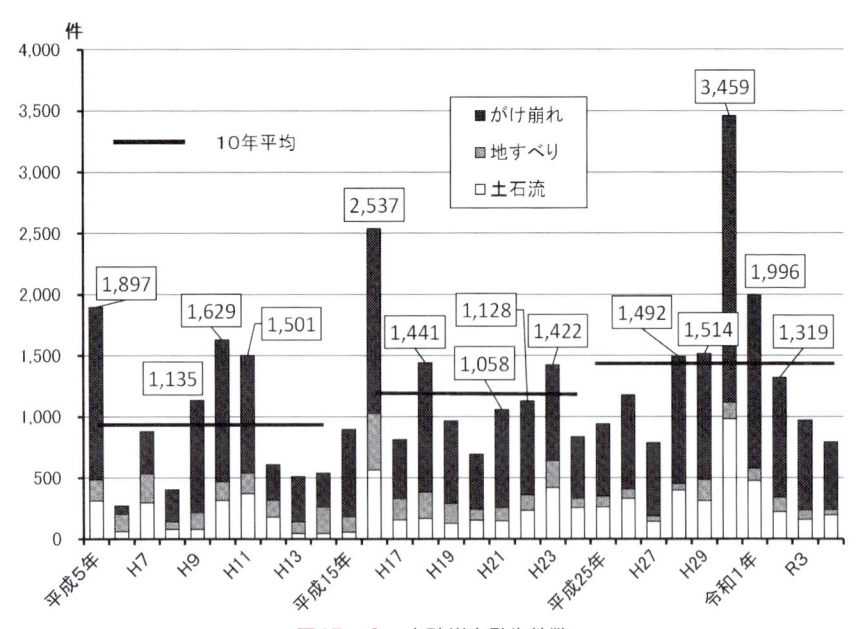

図15－2　土砂災害発生件数

（国土交通省資料から作成）

　内閣府が令和4年（2022年）4月に公表した避難のあり方に関する報告によれば、市町村を対象にしたアンケートで、避難情報の発令にあたっての悩みとして、「土砂災害の危険度分布や河川の水位等が刻々と移り変わるため、発令の判断が難しい」と回答した市町村が65.9%、「避難情報を発令しても、災害が起きず空振りになり、かえって避難指示の効力が薄れる不安がある」が62.6%、「避難情報をどのような範囲で発令するか判断が難しい」が56.9%となっている（図15－3）。

　また、市町村が避難情報の発令を躊躇する背景としては、災害対応に関する理解が十分でない可能性、発令判断における技術的な課題及び、心理的な負担

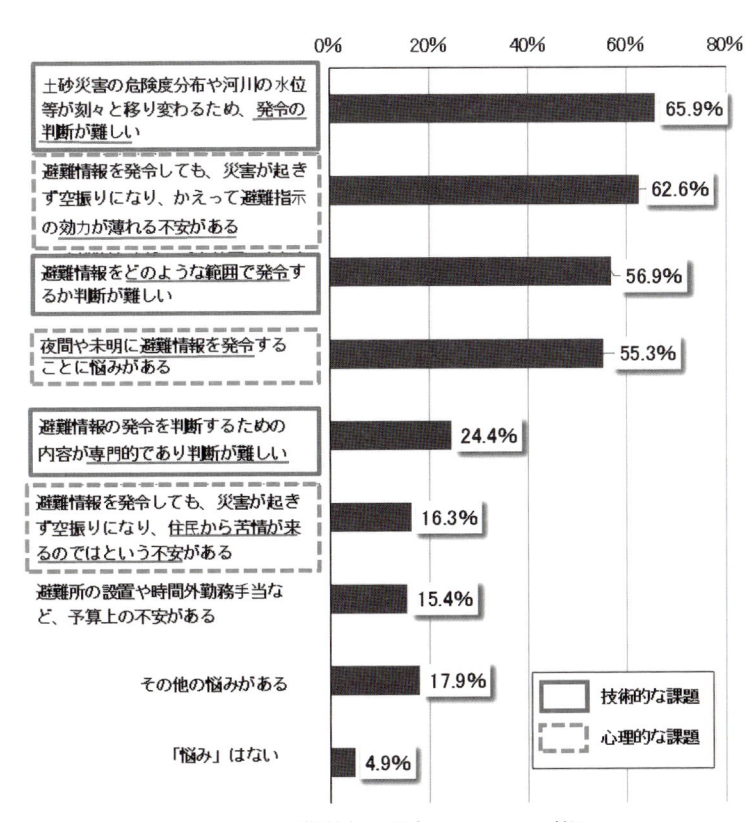

図15－3　避難情報の発令にあたっての悩み
（平成3年豪雨災害を踏まえた避難に関する検討会資料から引用）

からくる課題があると分析している。大規模な風水害後の検討会では、空振りを恐れないようにすべきとの報告が幾度となされているが、実態はまだ空振りを恐れている状況がうかがえる。

　地球温暖化の影響か、長い間災害を経験していなかった地域を含めた多くの市町村で土砂災害が発生している（表15－1）

表15－1　水害・土砂災害の発生状況（平成23年～令和2年）

水害・土砂災害の発生回数	市区町村	
	数	割合
10回以上の市町村:	1,005	57.7%
5～9回の市町村　:	427	24.5%
1～4回の市町村	268	15.4%
0回の市町村	41	2.4%
計	1,741	100.0%

市区町村数は(令和元年度末)

（「河川事業概要　2023」から作成）

が、広域的に人的・物的被害を伴う大規模災害となれば、一地域における発生頻度は必ずしも高いとは言えない。このため、最終判断者となる市町村長は、大規模災害の際に、避難情報の発令が初めての経験になる可能性もある。また、市町村長にアドバイスをすべき防災担当の職員が、さほど多くない経験をもとに強く進言することも容易ではない。まして職員は数年で異動する場合も多く、研修で得たノウハウを災害時に活かせる確率は高くない。このような事情も前述のような悩みにつながっているのではと推測される。

　防災気象情報との関連では、土砂災害警戒情報の発表が、市町村が避難指示を発令する判断の目安としている。ただ、避難指示を出す場合は、避難場所の確保も必要であり、前述のアンケートのとおりどの範囲に避難指示を出すのか悩むことになる。豪雨災害では土砂災害が最も多く発生しているが、その発生場所を予測することは容易ではない。やむを得ず避難指示の範囲を市町村域全体とするのは、地域の特定が難しいことにも起因していると考えられる。

　こうした豪雨災害に対する避難情報の発令の取り組みは20年後、30年後には、どうなっているだろう。

　もう大昔のことであるが、降雨予報は概ね1日を対象とし、その範囲は日常の行動範囲を超えていた。しかし、現在では何時何分頃から大雨が降るといった予報がスマートフォンに届き、その範囲もかなり狭くなり精度も高い。既にこうした生活に慣れてきているが、半世紀前頃には未来世界の出来事であった。土砂災害等の発生予測精度を上げるためには様々なデータが必要である。現在

では、気象庁と都道府県が連携し降雨の状況とととともに過去の災害履歴などを加えて、土砂災害警戒情報が発表される。将来は、雨の降る量や間隔はもちろんのこと、山等の傾斜角度、植えてある木の種類、植樹してからの年数や間隔、伐採の有無など植生の状況、山林を形成する土壌の種類や積層構造、貯水性や排水性、近くを流れる河川の幅や合流などの状況、開発の履歴などのデータのほか、林業に携わる人達の知見なども考慮されて、膨大なデータのデータベース化が進み、これらをもとにAIも活用されて雨量に応じて土砂災害等の発生危険性の高い場所をより狭く迅速に特定し、それを見ながらより確実性の高い避難指示等を発令できるようになるだろう。

このような判断支援システムが構築されれば、市町村は躊躇なく避難指示を出し、避難場所の確保や高齢者に対する避難手段の提供、周辺の防犯体制の確保等を確実に行うことができるようになり、市町村としても活動の有効性が高まることになる。当然のことながら住民の信頼が高まり、苦情は少なくなる。

今後豪雨災害の増加が見込まれる中で、住民の命を救う唯一の手段は事前の避難を促すことである。消防が行う災害活動は不変であるが、事前の対策としての住民の風水害に関する知識や技術を高めるなど、災害発生前の対応に注力することも一つの重要な業務となる。

3　増加する豪雨災害等に対応する消防団等との連携を強化

激甚化している豪雨災害は、場合によって市町村の広範囲な地域に影響を及ぼすような災害になっている。このため、これからの豪雨災害に対処するためには、消防本部はもちろんのこと、市町村部局、消防団などがより密接に連携をして取り組んでいくことが求められる。

市町村部局においては、災害対応は防災担当の部署が中心になることが多いが、豪雨災害の変化を踏まえるとすべての部署で行っている様々な業務の延長線上に常に防災があるとの意識を持ちながら業務を行う時代になっている。

大規模災害で大きな役割を担う消防団の事務管理は、市町村部局と消防本部のどちらかが担当している。あくまで事務管理であり、訓練指導等は消防本部が中心となって実施しているようであるが、その状況は地域によって相違がある。全国の都道府県で消防団員の実数の多い順から上位５つの県と神奈川県に

表15－2　消防団の事務を担当している部署

	団員実数 (R5.4現在)	消防団 総数	担当部署が 消防本部	担当部署が 市町村部局	消防本部の 割合
福島県	29,286	59	3	56	5.1%
新潟県	31,286	30	19	11	63.3%
長野県	29,550	77	4	73	5.2%
兵庫県	38,777	62	32	30	51.6%
熊本県	28,773	45	2	43	4.4%
神奈川県	20,122	59	50	9	84.7%

（消防庁資料から作成、令和5年10月調べ）

ついて、消防団の事務を担当している部署をまとめてみると、福島県、長野県及び熊本県では、9割以上が市町村部局で担当しており、新潟県、兵庫県及び神奈川県では、消防本部で行っているところが半数を超えている（表15－2）。

消防庁のみならず、内閣府、国土交通省（気象庁）などで豪雨災害や南海トラフ地震等に関する様々な検討がされ、毎年のように制度が改正されている。その法律は災害対策基本法をはじめ、大規模地震関係の法律など多岐にわたる。こうした制度改正は、災害発生時の住民の行動に結びついてこそ初めてその意味を持つことになるが、市町村に通知されたのちに、直接市町村から住民に、あるいは消防団等を通じて住民に確実に伝わっているのだろうか。

最も住民に近いところに位置し、相当な職員数を有する唯一の防災機関である消防署は、火災については予防も含めた対応を行っているが、ほかの災害については、救助活動を含め発生時の対応が主となっている。もともと消防署では、火災に関する国の制度変更等の情報は総務省消防庁から通知されるが、ほかの省庁の防災に関する情報は必ずしも通知されるとは限らない。このため、風水害など自然災害の現場で重要な役割を果たす消防団員に対して、自然災害の被害軽減のための活動に必要とされる最新の情報を提供することは容易ではない。一方、消防団の事務を行っている市町村部局では関係省庁からの情報を研修等に活かせていると思うが、訓練等も担当している市町村があるならば、消防団員が対応すべき火災をはじめ、風水害における現場対応のあり方、安全管理、災害における指揮などは、おそらく得意ではない。市町村部局の防災担当には消防本部からの出向職員も多いが、全消防団員に研修を行うには人手が

不足している。大規模災害の対応に必要な情報の提供という点で、いずれのルートも十分ではない点が浮かび上がる。果たして現行の制度は消防団の機能向上と住民への適切な情報提供という点で確実に資する形になっているのだろうか。

防災関係の業務は関係省庁に分散された形になっているが、防災関係業務に関する様々な情報を一元的に管理し、地域に密着した防災機関である消防署を通じて広く地域の住民や消防団等に提供できるようになることが期待される。情報の一元化ができれば災害の発生に際して避難指示の場所等を関連づけながらより効果的で安全な避難活動に結びつけることが可能になる。これにより、地域の消防団、自主防災組織、女性防火クラブなどの地域の活動主体のみならず、一般住民に対しても、日頃からの情報提供と合わせ避難指示等の提供と行動がより円滑に行われるようなるのではないか。地域の住民は、消防署に行けば、災害対応のための必要な最新の情報をすべて知ることができ、防災教育の拠点となることもできる。いわば消防署がアメリカにおけるFEMAの地方版の役割を果たすといったところである。

様々なアンケートの結果によると、避難指示等の避難情報について十分に知らないと答えている住民はまだ少なくない。また、南海トラフ地震の発生時に大規模な津波が押し寄せるとされる県であっても臨時情報の認知度は必ずしも高くない。令和6年（2024年）8月に初めて臨時情報の巨大地震注意が発令されたことから、その後のアンケートでは認知度が高くなっているが、防災に関する情報の伝達ルートをより明確にし、消防署の活動が地域住民の防災に関する情報の提供源としての機能を向上させることができれば、様々な災害による被害の軽減につなげていくことができる。

4　情報化の進展により消防本部の災害活動能力が向上

消防による災害活動の基本は、おそらくこの先30年経っても変わることはない。災害現場にできるだけ早く到着し、災害状況や周辺の危険状況等を把握する。そして災害の鎮圧に最適な活動方針を検討し、安全管理に配慮しながら保有している資機材や人的資源を最大限活用して活動を行い、人的・物的被害を最小限に抑えることである。

阪神・淡路大震災を契機に緊急消防援助隊が創設され、消防本部の活動は管

轄区域のみならず、広域的に出場する機会が増えた。これにより、派遣地の被害を軽減できるようになったことは言うまでもなく、応援派遣される部隊の活動範囲が広がり、様々な災害に対する経験値が得られ技術と意識の向上にもつながっている。

　消防は基本的に管轄区域内の災害への対応が主となるが、火災件数が減少し、都市の安全化とともに高度な資機材を使うような特殊な災害や救助事案等はやや発生頻度が低くなり、災害対応への経験値が蓄積できない傾向にある。あらゆる災害に対応することが消防の役割であり、想定される災害は年々増えていくものの、日常的に経験する災害の種類は限定される。様々な災害等を教訓にマニュアルが整備・改訂され、多様かつ大量の内容が記載され、それに併せた訓練も多様になっている。想定される災害に対応する訓練をすべて行い体に覚えさせるのは容易ではない。訓練は、本来実践のためのものでなければならないことから、やり方を工夫してはいるものの、実践に直結しない訓練も出てくる。

　経験値の減少や訓練のバーチャル化が進む中で、実災害において常に最善を尽くすにはどうしたらよいか難しい課題であるが、この先20年後、30年後における消防の災害活動はどの様に変化していくだろうか。

　現在は、災害活動にあたり事前に様々なマニュアルを研修し、実践の際にはその記憶を呼び戻して対応している。これが将来的には、各種の活動マニュアル、車両や保有機材の種類とその性能、管内の建物構造や避難経路、建物内の収容物、危険物質の性質や鎮圧方法などが一元的にデータベース化される。そして災害の際には、災害が発生している建物、車両形状、物質等の情報入力によって、災害の鎮圧に必要なデータが即座に抽出され、災害の推移を踏まえた最適な戦術の支援情報として表示される。場合によっては、現着時に撮影する画像や映像から瞬時に活動要領が表示されるかも分からない。これにより隊員の安全が最大限考慮されたうえで、被害を最小限に食い止める戦術が提供される。

　まさに、究極的な理論的・科学的な消防活動が展開され、その被害を最小限に抑えることができるようになる。

　災害活動において、空気呼吸器の残量、指揮本部からの情報等が面体に表示されたり、隊員の活動管理データを本部で把握できるシステムは既に実用化の段階になり近い将来普及していくと思われる。加えて指揮本部では、多様化す

る災害鎮圧に関する膨大な情報を迅速に参照でき、最適の戦術を決めるための支援システムを保有するとともに、この情報を前記のシステムを使用して各隊員に送ることができるようになる。このシステムの構築により経験の少ない災害に対しても、最高のパフォーマンスを発揮して、被害の軽減につなげることができる。

　例えば、最先端の化学製品を製造する工場兼倉庫から出火し数分が経過している。外部から火は見えないが関係者の証言によると1階北側で出火・拡大し、逃げ遅れが複数いる模様。こんな状況の際に、火災の進展状況を踏まえ、救助可能な時間は何分以内で、どのような資機材を使って何隊をどの方面から進入させれば従業員と隊員全員の安全が図られ、逃げ遅れた全員を救出して火災による被害を最小限で抑えられるといった情報が得られる。仮に特種な物質の情報があれば、そうした情報にもアクセスされ、それを踏まえた戦術が提案される。

　消防の災害活動は、コンピュータによる情報によってすべてが実践できるものではなく、消防職員として培ってきた技量に加え、経験や勘に裏付けされた判断力と行動力によって完遂されることは言うまでもない。しかし、災害の種類が増えるとともに経験値が少なくなる中で、精度の高い理論的な情報が迅速に提供されれば、経験と勘に頼る範囲が狭まり、より迅速で効果のある形での災害の鎮圧活動が実現する。

　特種な災害であればあるほど専門的な知見が必要になり多くのマニュアルが作られるが、次の現場で活かされなければ意味はない。しかし、災害現場では分厚いマニュアルを開いている時間的余裕はなく、かといって常時的確な戦術情報を引き出すことができるよう人的・アナログ的に管理することは容易ではない。

　こうした支援システムの搭載車両は、基本的に指揮車が想定されるが、指揮や作戦機能等を有する指揮車がこの機能を果たすのはなかなか容易ではない。一方、気候変動に伴い特に夏場における気温の上昇、複雑な建物構造等の火災活動、個人装備の増加に伴う体力の維持、定年延長に伴う高齢職員への増加などを踏まえ、通常時の消防活動の現場における安全管理、健康管理、体力管理等の必要性が高まっている。既にアメリカでは、現場における隊員の健康管理・公務災害のための制度が2008年に基準化されて、「Canteen」とか「Rehab

Unit」と呼ばれる車両が多くの消防本部に配置され、比較的大規模災害には同時出場をしている。

　国内では、主に広域災害等の発生時に使用する後方支援車が配置されているが、必ずしもその使用頻度は高くなく、通常の災害ではあまり活用されていない。このため、今後は、これを通常時の活動において安全管理や健康管理等の機能を持つ車両として改善し活用してはどうだろう。

　そして、昨今の情報通信機能の進歩と今後のさらなる進展を見据え、現場で活動する隊員のための高度な情報を提供する機能を付加し、様々な情報通信機能を有する後方支援車として整備されることが期待される。アクション映画の中でしばしば見られるような特殊な情報通信機能を持った車両のイメージである。

　消防の活動は、予防・警防面を問わず、今後もアナログ的な活動が主となっていくことは間違いない。しかし、そのアナログ的な消防活動をより高度なものにするために、あらゆる場面で発展のめざましい情報通信技術を活用していく手はない。そうなれば、災害による被害の軽減は一層進み、より安全な社会環境への貢献度が大きくなり、消防に対するの社会的な評価は一層高くなることだろう。

あ　と　が　き

　この原稿をまとめている最中に能登半島地震が発生した。この地震では輪島市で４件の火災が発生し、そのうち地震発生直後に発生したとみられる１件の火災が拡大し約５万㎡を焼損する大規模火災となった。阪神・淡路大震災でも、発災から６時までの十数分間に発生した火災が大規模に拡大したものは多く、最大約10万㎡に拡大している。また、平成29年（2017年）に発生した埼玉県の倉庫火災では従業員による消火器及び屋外消火栓等による初期消火に失敗し、出火から消防隊が到着するまでのわずかな時間に手のつけられない状態に延焼拡大し、12日間にわたり燃え続け４万５千㎡を焼損する大規模火災となった。

　小さなキャンドルの火は、息を吹きかけたり、少し熱いのを我慢すれば指でも消すことができる。しかし、それが可燃物に燃え移れば短時間の間に消火器で消すことができなくなり、さらにそのまま放置されればわずかな時間で消防車１台でも消すことができない火災に拡大する。これが火の特徴であり恐ろしさで、出火からできるだけ早く初期消火をすることの重要性がここにある。

　この特徴を有する火災による被害を軽減する仕組みは、消防車が到着する前の数分間に出火建物の関係者による初期消火や避難等の自衛消防活動を行い、その後消防機関が到着後にバトンタッチするというものである。ここに、住民や事業所の関係者への指導等という事前の予防業務と発災時の警防活動が必要な大きな意義が存在する。しかし、火災初期において、自衛消防活動が行われない事情が発生すれば、消防機関といえども、人的被害も物的被害も少なくすることはできない。

　輪島市の火災では、地震発生直後に大津波警報が発表されて避難を優先することが余儀なくされたことから初期消火の活動ができなかったこと、断水となって消火栓が使えなかったことや防火水槽の採水口が壊れた建物や電柱等の下敷きとなって使えなくなったこと、さらには津波や隆起等の影響で川からの吸水が困難になったことなどが重なり、住民による初期消火を始め、初期段階で消防署や消防団の活動が十分にできなかったとされている。

　この地震では、その規模が大きかったことに加え、人が集まって新年を祝う１月１日に発生したことなど、これまでに経験のない事象が複数重なり、地理

的事情もあって被害が大きくなった。

　国内ではこれまでも多くの大規模震災を経験して様々な課題を克服し準備をしてきている。大規模震災時には、当然のことながら消防機関も被災するほか、想定できない様々な事象が輻輳して発生する。地震発生後は消防車両や無線の点検を始め、職員の安否確認や応急手当を行いながら、管轄区域で起きている災害事象の全体像を把握し、保有している消防力をどの災害に投入すべきか判断するなど、実施すべきことは多岐にわたる。このため、消防機関といえども大規模な地震発生後は、少なくとも20分から30分は災害現場に消防車や救助車等を出動させ活動を開始することは極めて困難な状況となる。

　過去の大規模地震では発生直後に多くの火災が発生しているが、消防機関による活動が開始できる前の時間帯に住民や事業所の手によって初期消火活動が行われなければ、火災は拡大し、公設の消防力や消防団の力では手に負えない状態にまで広がってしまうという教訓は記憶に深く刻まれている。

　能登半島地震では、消火栓や防火水槽が使えなかったとしているが、全国的にも水道管等の耐震化はまだ十分でなく、今後も地震時に消火栓が使えないおそれがあることは想定しておかなければならない。また、防火水槽は主に地震時の活動を想定して整備しているもので消防車が近づくことができるように考えて設置するよう努力し続けなければならない。

　災害というものは、もともと想定外の性格を有する事象である。都市型災害であれば過去に起こった事象から原因を調査し、類似した事故の発生をある程度は抑制することができる。自然災害は、規模や発生場所等の想定は難しいものの、東日本大震災から得られた教訓のように、最悪の状況を想定して対策を進めれば被害を少なくできる可能性は高い。

　「想定外」という考え方は、災害対策に対してどこまで経費を投入するかという視点に対してはやむを得ない概念である。しかし、消防は、数々の災害対応の経験と教訓、そして社会のあらゆる事象の変化を着実に捉えながら、常に先進的な災害対応を考え、あらゆる状況を予想して対応してきた。だから災害の防御を業としている消防にとっては「想定外」という概念はあってはならない。

　能登半島地震では、これまでも懸念されてきたいくつかの消防上の課題が顕在化した。地震発生後素早く出発した緊急消防援助隊は、道路が破壊された被

災地において、活動の現場に入ることが難航した。もともと、消防は基本的に通常時の災害を想定して消防車両や資機材を整備しており、地震災害を想定した消防車両等は少ない。このため、予算が厳しい中、大規模地震に対して悪路でも走行できる消防車両や消火水の確保のための水槽車等の整備をどの様に進めていくか、地方都市では広域消防体制を進めている中で地震発生の初期段階で拡大する火災に対応するためにどのような体制を築くべきか、地震時の対応はまず身の安全それから初期消火という考え方に転換して十数年が経過するが、地震後の火災に対して付近の住民が協力して消すという意識が上がるよう市民指導をどのように進めていくのか、など整理すべき課題は多い。

　消防は災害対応のプロと評される。同じ災害は二つとないとされるが、分析をする中では共通する基本的事項は多い。地震のみならず地球温暖化の影響もあって風水害が激甚化する中で、消防はこれからもあらゆる災害に対して飽くなき探究と理論構築によって活動能力を高め続け、「さすが消防」と高い評価を受け続けるよう一層発展していくことを期待してやまない。

　結びに、この書籍の発刊にあたり、ご指導とご配慮を頂いた（株）近代消防社社長　三ッ井栄志様にこの場をお借りして、厚くお礼申し上げます。

索 引

《著者紹介》

小野　和夫（おの かずお）

〔略歴〕東京工業大学（現 東京科学大学）卒業後　横浜市消防局に入り、
　　　　消防局、都市計画局を経て、総務部　施設課長、企画課長
　　　　警防部　部次長兼警防課長・ワールドカップサッカー推進担当（消防監）
　　　　消防訓練センター　部次長兼教育課長
　　　　消防局（安全管理局）　予防部長（消防正監）
　　　　教育委員会事務局　施設部長（施設部新設）
　　　　消防局　中消防署長　等を歴任して退職
　　　　退職後　（公財）日本消防協会　福祉部長
　　　　現在　　消防・防災誌への執筆と複数の消防・防災関係の講師を務める
〔主な資格〕
　　第1種放射線取扱主任者
　　第3種電気主任技術者
　　第1種電気工事士（試験合格）、第2種電気工事士
　　宅地建物取引士、防災士
　　防火対象物点検資格者、防災管理点検資格者
　　ほか、消防設備士、危険物取扱者、予防資格技術者など消防関係資格

進化し続ける次世代の消防・防災戦略　定価 2,200円
—いつの時代も「さすが消防」といわれるために—　（本体 2,000円＋税10%）

著　者　　小野　和夫 ©2025 Kazuo Ono
発　行　　令和7年3月15日（初版第一刷）
発行者　　近　代　消　防　社
　　　　　　　三ッ井栄志

発行所

近　代　消　防　社

〒105-0001　東京都港区虎ノ門二丁目9番16号
（日本消防会館内）

TEL　（03）5962-8831㈹
FAX　（03）5962-8835
URL　https://www.ff-inc.co.jp
E-mail　kinshou@ff-inc.co.jp
〈振替　東京 00180-6-461　　00180-5-1185〉

ISBN978-4-421-00994-1 C1030 〈乱丁・落丁の場合はお取替え致します。〉